勇敢告別心魔

心理治療室裡的魅影與重生

黃偉俐 著

大好文化

推薦序

困惑，才是理解問題的開始

黃致凱
故事工廠藝術總監
舞台劇《我們與惡的距離》導演

前幾年因為創作《我們與惡的距離》全民公投劇場版，邀請偉俐醫師來擔任嘉賓與現場觀眾互動。我倆在後台對於「精神疾病患者犯罪」的議題，聊得很投機，他在我眼中是位非典型的精神科醫師，全身散發出一種藝術家的瀟灑氣質，思考很跳躍，談吐的機智風趣，讓人印象深刻。

我很喜歡《勇敢告別心魔：心理治療室裡的魅影與重生》這本書中的一段話：「我們不能告訴個案答案，講結論的叫做諮商，不是心理治療。個案必須靠著自己去找出答案，因為答案雖然很重要，但更重要的是那個尋找答案的過程。」

這種沒有標準答案的尋找過程，或許對某些人來說是在浪費時間、不夠專業、沒有效率、敷衍了事……然而「沒有標準答案」，也意味著每個案例的背後，有許多一言難盡的矛盾以及對人生價值的困惑。

對我來說「困惑才是理解問題的開始」。在我們戲劇創作者的眼中，「衝突」是戲劇的靈魂，舞台上的角色不是非黑即白，那些生命故事中的灰色地帶，那些人性中的負面情緒與私慾，那些讓人不知該同情還是責備的行為，才是「戲劇衝突」之所在。因為「衝突」造成了「價值判斷上的困惑」，才會讓觀眾去思索，甚至推翻對某些生活中習以為常的的認知，例如一個女子突然親一個男友之外的男人的嘴唇，對他說我可以做你的小三嗎？這在世人眼中無疑是性騷擾且敗德的行為，但若你知道這名女子從小就被父親遺棄，在外公外婆的歧視下長大，你依然會認為她的行為是性騷擾，還是缺乏愛？因此，這本書對我而言，就像是一幕幕充滿高張力的戲劇場景，不論是「殺死舅舅的女高階主管」、「想把人頭打爆的重考生」、「對人亂吐痰的小李」、「半夜聽到腳步聲的睡眠障礙患者」……等等這些「心理治療室裡的靈魂們」，他們的言行舉止、負面的思考都是不見容於這個「正常」的社會，但透過偉俐醫師的第一人稱視角，得以帶領讀者透過抽絲剝繭的對話，一層層揭開這些患者心中的「魅影」是如何產生的，而每段故事中所呈現的戲劇性衝突，讓我們帶著困惑站在天平的兩端思考，學習去理解和你經歷不同生命故事的人。

最後，心理治療不該是「良心」與「功德」，我支持對專業付費。

推薦序

洞悉人性的投入，永不放棄的夢想

葉啟斌
國防醫學院精神科教授、東吳大學心理系教授
三軍總醫院基隆分院院長暨精神醫學部主任

常看著黃醫師輕鬆地手抱胸，睥睨著四周，準備講話的姿勢，我好奇著這次的新書《勇敢告別心魔：心理治療室裡的魅影與重生》是否有不同的先知卓見，又可以學點東西，就是這樣的他，每次都讓人驚艷，講話及出書總是讓人期待。

給點距離，才能有操作的空間，這是我見到堅持著彷彿外科醫師般的精神科醫師的迴旋，減少被病患操弄的機會，又有高度的視野可以同

時觀看領略治療時兩方的角力。

給點時間，黃醫師讓病患的心思沉澱，就像點著的菸，寂靜無聲，卻又能幻化各種實境武術於虛空中，創造另一番景象。

把握時機，在即將脫逃於萬分一秒的時間中，黃醫師又緊抓不放，讓他無所遁逃，這乃傳家輕功，想學還要天資聰穎，外加敏感體質。

黃醫師不僅是心理治療的專家，也是其他心智介入方式的專業人員，在看家本領中，他對於各種不同心思的患者的體會與用心，選擇不同的處理方式，是他天生的本事，加上洞悉人性的投入，最重要的是他不放棄的夢想，希望能提醒每位崗位上的專業人員能用心聆聽患者人生的故事，不是只用耳朵聽，不是只用眼睛看，而是和他們站在一起，共同走下去。

很高興又能閱讀黃醫師的小故事，故事中的他們，也許是現實世界

推薦序

精神科醫師只會開藥？

蔡長哲
台灣精神醫學會理事長

說「精神科醫師只會開藥」這句話的人，一定不了解一般的「醫學生」，在醫學院念書七年畢業，取得「醫師」證照後，成為「精神科醫師」之前，必須接受哪些精神科醫師的專科訓練。講白話就是，說這話的人「心懷妒恨，見識淺薄」。至少，我個人不會說「某位專業，就只會心理治療」。

我是精神科醫師，本書作者也是精神科醫師，我們在成為「精神科醫師」之前所接受的精神科住院醫師訓練都一樣，至少都包括：精神症狀學與診斷學、精神藥理學與藥物治療學、心理治療學、司法精神鑑定、照會與聯商精神醫學、急診精神醫學、社區精神醫學、復健精神醫學等等專業訓練。

結束住院醫師的四年訓練後，經過台灣精神醫學會的筆試及精神科專科醫師三位甄審委員的口試，及格後，才能成為「精神科醫師」。

師父領進門，修行在個人，每位精神科醫師的專業發展各有不同的重點與方向。本書作者的專業生涯中，曾在某個跨國大藥廠擔任醫藥主管數年，投入於精神藥物的新藥人體試驗，對於精神藥物治療的原理相當熟悉。十年前，他到社區中開設精神科診所，對心理治療的運用也有深刻的體認，也因此寫下這本好書《勇敢告別心魔：心理治療室裡的魅影與重生》，推介大家認識何謂「心理治療」！

我個人會建議一般讀者或即將接受心理治療的人，從「第八章：心理治療——藉著治療者的專業知識與能力，提供個案自我省視、思考，跟前進的一段歷程」，優先閱讀。精神健康相關的專業人員，如臨床心理師、諮商心理師、精神科護理師、精神科社工師等專業人士，則從「第九章：給心理治療者們」，優先閱讀。本書作者在這兩章，寫下他為病人進行心理治療多年後的心得，讀完後，有助於即將接受心理治療或從事心理治療的人們的心理建設。

值此新冠病毒瘟疫已橫行三年的時刻，對於非認知行為取向的心理治療，個人一直覺得有四個心理治療的主題：

1. 死亡：我們及所愛的人，終將一死（猝死，來不及道別）；
2. 孤獨：人終究孤獨（人該如何獨處）；
3. 生命的意義：生命沒有明顯的意義（原本規劃的人生都變了）；
4. 自由：每人都有選擇生活方式的自由（隔離、封城）。

本書的其他章節，也值得讀者們細細體會不同個案的治療主題。

「世間安得雙全法，不負如來不負卿」，對精神科醫師而言，在治療病人或個案時，「心理治療」與「藥物治療」，是可以並行不悖的，我們也都有執行這兩種治療的能力的！

也祝願讀者們，讀完本書後，能「告別心魔，重啟人生」！

推薦序

心理治療中的感性與理性

楊建銘
政治大學心理學系教授
台灣臨床心理學會理事長

本書《勇敢告別心魔：心理治療室裡的魅影與重生》透過案例及治療師的反思，呈現了心理治療當中感性與理性的層面，是對於心理治療有興趣者值得一讀的好書。

推薦序

了解心理治療的重要

周勵志
前新光醫院精神科主任醫師
臺灣向日葵全人關懷協會創會理事長

《勇敢告別心魔：心理治療室裡的魅影與重生》一書中收集了一些精彩而難得的故事，不僅有醫學、心理學，更把哲學、宗教、人性都揉合在一起。對一般民眾來說，可以了解心理治療的重要，更可以知道箇中過程，很值得一讀。對於心理治療專業人員來說，也具備了很好的參考價值，誠摯推薦！

推薦序

我所認識的黃偉俐醫師

李惠娟
知名電影、電視編劇

十幾年前，工作的壓力讓我患了恐慌症，但我不自覺，在大型教學醫院醫治，卻一直沒有改善，直到遇見黃醫師，我人生得到救贖。

一開始，以我多年工作的經驗判斷，黃醫師是個直男。但多次的問診下來，我發現黃醫師在撲克臉的背後，是一個有十分溫度又有愛心的暖男，最重要的是，他不但有精神科醫師的專業素養，還很有文人氣息的才華。

黃醫師的新作《勇敢告別心魔：心理治療室裡的魅影與重生》，把一個菜鳥實習醫生所遇到各種疑難雜症活靈活現的搬到我們面前，就像一部連續劇一樣，道盡人世間的悲歡離合、恩怨情仇，是一本值得一讀的好書，大推。

推薦序

尋找人生的答案

周丹薇
資深模特兒、演員、主持人

誰應該來讀這本書《勇敢告別心魔：心理治療室裡的魅影與重生》？答案是「每一個人」，而不是只有所謂在精神上有困難的人。

李白的《將進酒》中說：「人生得意須盡歡，莫使金樽空對月。天生我材必有用，千金散盡還復來。」每一個人的一生必定會有起、有伏，因為好花不常開，好景不常在，但要如何笑看人生？相信你會在這本書中找到答案。

黃醫師在書中雖說：「愛，從來不是心理治療的重點」。但是缺乏

「愛心」和「耐心」如何能將思覺迷失的羊，重新引回到屬於他（她）原本的綠色園地呢？

讓我們一起來看黃醫師的這本書，心理治療室裡的魅影如何勇敢告別心魔，智慧開啟新生活！

作者序

告別心魔，找到更好的自己

黃偉俐

「醫師，你愛我嗎？」一個二十幾歲，左手布滿了數不勝數，深深淺淺割腕疤痕的女病人這樣問我。

這樣的故事在我還是菜鳥的時候就聽過了！

「愛啊！」

「那，為什麼我上次割腕到急診的時候，他們通知你，你卻不肯來看我。」將軍，死棋。誰會想說犧牲假期，或在半夜三更的時候去急診探望心理治療的個案，而且誰知道會有多頻繁。

「不愛！」

「那，你幹嘛要幫我做心理治療，對我這麼關心？一切都是虛假的嗎？」天啊！不過是以幫助個案為目標的心理治療，搞到愛不愛的議題上，有這麼嚴重嗎？

這是跟所謂**邊緣型人格障礙**個案做心理治療時，幾乎都會遇到的問題。他們童年時期就活在痛苦裡，不管是父母離異、被霸凌、被家暴，甚至被性侵，他們除了反覆割傷自己之外，沒有辦法改善自己的處境，也沒有宣洩痛苦的管道，更不用說處理自己的情緒。他們希望被關心，希望被愛，但是卻無法愛自己，在精神醫學診斷裡還要被放上一個**人格障礙**的標籤，變成急診裡的鬼見愁。

愛，從來不是心理治療的重點

「這不是愛不愛的問題，是如何讓你擁有處理情緒，從痛苦中跳脫的專業協助。」

愛很重要，但是欠缺的、不曾擁有的、反覆失望的，不是有人給你就能解決問題，因為「人終究要學會照顧自己，能夠知道如何愛自己才是最重要的。」

所以心理治療從來不是一個「在愛之中康復」的過程，也從來不是一個「在情緒得到宣洩之後、就會自我療癒」的旅程，而是在聆聽、同理，與治療者攜手共進的一段學習。這世界上除了跟自己共處，可以直到最後一刻之外，所有的關係都是變動的，甚至是不斷逝去的。學會聆聽自己，努力創造自己生活中的成就與快樂，「學會做自己的父母愛自己」，才是心理治療最終的議題。

生命裡，天堂與地獄有時只是咫尺之間

最近有一些文章開始在討論所謂的學霸，覺得這一些考上第一志願的小孩，跟一般人很不一樣。當身歷其境的時候，自己其實是沒甚麼感覺，因為我從小不愛跟人家爭名次，考得上學校就好，大學只要成績還可以，順利畢業就好。

他，是第一個考進台大醫學系的原住民，也是我所知道第一個來自花東地區的小孩。

我還記得在一年級，第一次見到他的時候，那一張充滿驚訝與歡喜的臉；那一雙圓圓的眼睛，裡面映照著一個美麗的新世界。可是一個學期之後，就沒再看到他，聽說他休學了；一年之後，聽說他結束了自己

的生命。

還記得那時候他說「同學都好厲害喔！太令人佩服了」，對絕大多數從小待在明星學校、明星班級的台大醫科生來說，這句話很新鮮，佩服對手?!不是要贏過每一個人嗎？

在寫這本書的時候，跟他有關的回憶，開始不斷在腦海中出現、衝擊。我來自很好的家庭，父母很愛我，擁有一堆子的照顧跟關心。他呢？自小父母離異，跟著祖母相依為命長大，憑著加分考上醫學系是一份意外的驚喜，更何況是第一志願。

但轉眼間天堂變成了葬送他的地獄，照說第一年只是通識教育，國文、英文、物理、化學，沒有道理以他的能力應付不來。真正壓垮他的是被打垮了的自信心，我們眼看著這種事情，自小到大經常在發生，從一般郊區學校進來名校的小孩，原本不缺的第一名，往往新的成績要從第十一名起跳。

休了學回到原來的老家，怎樣收拾好心情再回來，或者轉了個方向重新再出發？只是曾經滄海難為水，沒有專業的協助，單單鄰居每天的眼光都足以殺死人。那樣子的地獄光靠自己幾乎是爬不出來的，更何況不管是醫療、社會，或家庭資源，他都很匱乏。

我為他而心痛，在四十年後的今天，但是人間永遠不缺地獄。希望心理治療是你，或你心愛的人，跳脫煉獄煎熬的道路。

最後要感謝已逝的父母，從小給了我滿滿的愛，允許我恣意妄為出國念心理學，走那沒看過前人足跡的冒險旅途；也要感恩之前的婚姻跟兩個小孩，要不是有他們，依我慣常的任性，現在應該是在地獄裡。

CONTENTS｜目　錄

前言　真實與勇氣：魅影的幻滅與重生

這是一本有關「心理治療」的書，「心理治療」是為每個個案量身訂製的「手工藝」，尋求讓個案有發掘真實自我、面對痛苦過往，跟自我療癒的契機。

誰應該來讀這些心理治療的真實故事，我會說是每一個人，只要他們希望，或需要「看見內在的世界」，擺脫困難、苦痛，尋求成長。更清楚的說：

1. 對心理治療有需要——包括現在正在接受心理治療的人。

2. **對內心世界有興趣**——想更深入了解自己的心靈，或想去了解、幫助別人心靈的苦痛。

3. **心理治療相關的工作者**——包括心理師、諮商師、社工師，以及精神醫學相關專業領域。

「為什麼來看診啊？」前面坐著一個可愛的女高中生，初診。

「醫生，沒有人愛我。」她用力地想了一下。

「爸爸媽媽對你不好嗎？會處罰、會虐待妳嗎？」

「不是這樣啦！他們都有好好照顧我，可是我卻沒有『被愛到』的感覺。」我小時候也是經常會「被打到」，卻很少「被愛到」的啊！

這不是一個真正來尋求心理治療的個案，她原本只是陪著兩個有憂鬱症的同班同學前來看診，看著同學們被傾聽、被關切，心裡想「那我也要來跟心理醫師聊聊」。

每個人都想要被傾聽，有時也需要一點意見讓自己做好調整，但真正的心理治療卻是另外一件事。不同時代、不同年齡、不同背景，不同心靈的人，對心理治療都有不同的看法，諸如：

- 偏見：「有病的才要去心理治療」。
- 成見：「那根本只是收錢聊天，我不需要」。
- 漠視：「心靈軟弱的人才需要，我很堅強」。
- 美好的期待：「透過心理治療就可以克服困難，擺脫痛苦，成為一個我想要做的人」。

但「心理治療」是一條蜿蜒，需要耐心的道路。

人生充滿了許多的關卡，在各個不同的階段都可能「卡關」，卡在幼年痛苦的經驗裡、卡在對自己過度的期許裡，卡在別人庸俗的嘴裡，也可以卡在自己身體的病痛裡。不同的「卡」，有不一樣的時空背景，也有個人本質的獨特性，需要不同的「解法」，而心理治療就是那個幫助找到解法的「過程」。心理治療是尋求心靈幫助的個案，與心理治療者之間的一段旅程。

每當我跟病人建議需要「心理治療」的時候，很多人的直覺反應是「心理治療是甚麼？」在這個ＩＧ、抖音、漫威電影的速食時代，人們其實對心理治療更陌生；反而會求助於星座、塔羅、改運，找師父，甚至是網紅們的神一句。

這本書忠實地記錄了我所曾治療過的個案，創作這一些故事的不單只是我一個人，也包括那些個案、他們的家屬，和其他參與治療的醫療人員，所以故事是屬於大家的。書中儘量避免談論醫學的知識或治療的枝枝節節，因為我真正想要和你們分享的是「人心」與「人性」，包括病人的，也包括我自己的。

「各位切記，心理醫師不是萬能的。」

——摘自《愛情劊子手》歐文．亞隆著

第一章　嘴唇最後的餘溫

看診的時間已經過了許久，該跟醫師講的話也都講完了，可她就不想離開這個暫時屬於我倆的空間。

外面的病人想必已經等得很不耐煩，只好站起身走到門邊，把門打開表示著她該離開了。

就站在半開的門後，等著那遣遣移來的腳步，臉旁倏忽伸出一隻手，壓在那半開的門板上。闔上門，她輕快的躍起，踮著了腳尖，快速吻上我的嘴唇。雖然只是一瞬的停留，但那冰冷中帶著軟軟溫度、乾燥中帶著丁點濕潤的雙唇，輕柔卻又有著令人難忘的力道。

「我可以做你的小三嗎？」她直視我的雙眼，瞳孔中帶著無比熱切的渴望，但那道光卻只能存留霎那。

輕輕地搖搖頭，看著那兩道立時消失的亮光，我再一次把門打開。她離開了，沒有問號，沒有回頭；留下把背部壓在門上的我，迷惑著，面對內心的冷酷。

這一離開她也走出了生命，就在幾天之後；留下烙印在腦海深處，那嘴唇最後的餘溫。

心理治療最大的挑戰是——你永遠不知道結局是甚麼

心理治療是一種工作，也是一種使命，一個陪伴別人走出生命幽谷的任務。當個案決定了接受心理治療的那個時刻，心理治療者要承擔的是，一個沒有截止日期的約定，只有個案可以喊停，心理治療者不行。

年輕，剛開始做心理治療的時候，心裡只想著該如何幫助病人，潛意識裡期待著享受作為拯救者的偉大，並不明白這是一份可以無比沉重的負擔。面對一個個在生命中充滿了失望、痛苦的人類，絕對不能輕易地說出：「對不起，我無法繼續這個治療」。那是一種「始亂『中』棄」，一種對生命的放棄與背叛。

而在那探索生命苦痛、挖掘種種不堪的過程裡，治療者卻看不到那不知何時會迎來，又會怎麼終止的結局，只能陪著、幫著個案跨越各種艱辛的挑戰。

除了工作，生命好像一無所有

三十四歲、未婚，清秀亮麗的她，原本從事旅遊業，近一年來積極開發中國的旅遊市場。年紀輕輕已經當上了高階主管，除了失眠之外，來看診最主要的問題是「不快樂」。除了那個也跟她一起醉心開發事業的男友外，她沒有一個可以信任、能夠在一起聊天的朋友；每天工作到半夜，沒有休閒活動，連渡假旅行也都不曾。

「那妳會去逛街嗎？像是去超市、夜市之類的買買喜歡吃的東西，還有女生不是最喜歡血拚買衣服、買包了嗎？」對不起喔！血拚不分男女，有些時候只是單純找話題，沒有性別歧視的意思。

「老實說，買東西不是為了開心，只是有需要。我都固定去那幾家店，飛快地拿了衣服跟日用品就走了，工作、出差幾乎佔據我所有的力氣與時間。」

「所以妳也沒有甚麼休閒活動，不跟朋友去喝喝下午茶，不去健身房運動，甚至去享受一下按摩嗎？」

「是的，在這麼大的城市裡，我只使用了一點點點的空間；而在那對成功的追求中，跟自己相處的時間好像一點都沒有。」

「那工作對你來說代表甚麼意義呢？」

「老實說，我也不知道，大概就是賺錢吧？從來不曾想過。」

「那你跟老闆的關係好嗎？工作上有不愉快或壓力嗎？」

「老闆還蠻喜歡我的，不管多晚我都會回覆他的電話，也跟著他工作了不少年，只是你知道嘛！這個行業也很辛苦，大家都很拚。」

「那最近的工作狀況呢？」

「因為男朋友在大陸有人脈，他也希望能夠創一番事業，所以很頻繁的出差，真的很忙。」

「可是人生不是只有工作啊？你會跟男友一起去渡個假嗎？」

「不會耶！他也是一個工作狂，滿腦子想著要賺錢。而且他老家在台東，放假的時候經常得要回家。」

「像你這樣都只有工作，即使下了班，依然都在想工作上的事，跟男朋友聊的好像也都是工作，這樣當然睡不好，而且生活裡面都沒有喜歡跟高興的事，久了當然只有疲倦跟累，又怎樣會快樂呢？」

「不知道耶！我只要閒下來，就開始出現不安全感，甚至覺得罪惡感，不懂什麼是『做讓自己快樂的事』？」

只要她生我氣，就會讓我跪在那人來人往的菜市場口

「爸媽離婚的時候我還很小，我們搬回去跟外公外婆一起住，記憶中媽媽永遠都板著一張被燙平了的臉，不曾有過笑容。」

「爸爸呢？」

「沒有任何印象了！那時我還很小，之後他就像蒸發了一樣，不曾再出現。」這樣的故事我聽了好幾遍，始終不明白，怎樣會有那種的父

母，狠得下心就不會回去看小孩。只是想想，回去看了又怎樣，不捨也往往只是製造更多難過，但是小孩無辜，總是會覺得自己被拋棄了！那是一輩子內心的陰影，會莫名覺得爸媽之所以不會再回來，是因為自己不好、不夠好。

「內心不會覺得很奇怪嗎？不會想去了解為什麼爸爸不曾再回來看妳，有跟媽媽提起過這個疑問嗎？」

「我在想，小時候應該有問過吧！但是已經沒有任何印象了。我記得的只有，每天跟一個很容易對我生氣，不曾笑過的媽媽生活在一起。她對我很嚴厲，很要求我的成績，要是沒有考一百分，或者不聽她的話，我就慘了。」

「她會打妳嗎？」

「會啊！打很兇，可是我不怕她打我，我怕的是她把我帶到菜市場口，讓我跪在哪裡很久很久，讓過往的人群看著我。」

作為一個精神科醫師，在跟病人互動的過程中，最怕的不是抱怨，而是那些無法挽回，或者無法改變的傷害與遺憾

很多人，包括病人、親友，甚至剛認識的陌生人，最常問我的是「每天聽病人倒垃圾，不會受負面能量的影響嗎？」我都會回答說：「不會啊！我心裡不會認為那些是垃圾，因為我想的都是如何從話語裡找出真正的問題，我的專業是幫人解決那些問題。」

其實精神科醫師的工作，心理治療亦是，有點像是被點班坐檯、陪說話，然後在垃圾堆中努力做資源回收。瞧我是怎樣？把一份神聖的工作說得如此之不堪，但是可以更不堪，精神科醫師是依賴別人的苦痛來賺錢維生。那是吸血鬼囉？不，我們回饋的不是冰冷的永生，而是殘破中的重生。

曾經有一個四十多歲的男子來看病，他最大的困擾是治不好的蕁麻疹，發作時癢得讓他很痛苦。來看精神科是因為有人告訴他，蕁麻疹跟心理因素有關，尤其是壓力。可是他現在過得不錯啊！有一個很愛他的女朋友，工作也很順利，算是人生的勝利組。

雖然看起來應該是人生勝利組，但是童年的記憶卻像鬼魂般揮之不去，「我總是會回想到我四、五歲的時候，爸媽都要去田裡工作，沒有人可以幫忙看顧我。只好把我用繩子綁著，繩子的另一端綁在桌腳上，桌子上放著食物跟水，旁邊有尿桶，我要一直等到黃昏他們回來。」

遇到這樣的悲慘，我沒有辦法像很多的同業一樣，回到辦公室靠著喝咖啡講八卦，聊著哪家餐廳好吃來化解。那晚注定會是一個漫漫、心裡酸、睡不好的長夜。這樣很慘嗎？不！

「醫生，媽媽在我六歲的時候就離家出走了，爸爸在山裡作工，我們就住在那風從縫隙灌進來的工寮裡，還有幾個月大的弟弟。」不待招喚，那情景立時浮現在我的腦海，一個可愛的小女生，帶著一個小男嬰，生活在一群粗魯的臭男人裡。

「每天爸爸去上班，留給我奶粉、熱水瓶，還有幾塊尿布。木板拼湊的工寮裡就只剩下我跟弟弟，還有那停不下來的風聲，從大清早一直到天都黑了。」性侵害？被性騷擾？很有可能，可是我不敢問。

最大的負面能量從來不是抱怨，更不是訴苦，而是那灰塵覆蓋、遠遠觀望，卻又不疾不徐、娓娓道來的內心淒苦。面對這些很清晰、卻又很深層的傷痛，我往往只會心酸、鼻塞、語塞，只能回以同理心的緘默。而這樣的緘默，至少需要好多次的心理治療，才能用來化解那抑鬱許久的痛苦與憤怒。

跪在那膝往踵至的人群中，何以自處？

「那一定很難熬吧！跪著面對那麼多的陌生人，還有那些狐疑，甚或同情的眼光。」那種羞辱的感覺，連想要去感同身受都好困難啊！換成是我被罰跪在那人群雜沓的馬路上，看著那一雙雙的腳走過身邊，會覺得有多不堪，一分一秒有多難熬，我鐵定會一直哭。

「我永遠記得第一次那時的心情，其實最痛的不是忍受旁人的眼光，而是只能埋下頭，不斷的問自己，媽媽她為什麼要這樣對我？我不是她唯一的小孩嗎？也不過只是考試錯了兩題，為什麼？」

「在跪著的當下你會哭嗎？」

「哭不出來，其實不管媽媽再怎麼打我，我也都不會哭，眼淚是沒有用的，只會被打罵得更厲害。我很早就學會，把事情做好就沒事了，不要想太多，盡我最大的力氣就好了。沒有辦法跟同學出去玩，媽媽也不會帶我去外面吃飯、逛街、旅行，就算我做得再好也沒有甚麼獎勵，只能懇求不要再跪在那條馬路上就好了！」

「問過媽媽為什麼嗎？」

「她說我沒有爸爸，她也沒有甚麼可以給我的，所以我一定要把所有的事情都做好。」

「我殺死了舅舅」

「外公外婆都覺得女兒離了婚回娘家是一件丟人的事，即使媽媽很努力賺錢給家裡，我們母女總是被鄙視著，我們的存在對他們是恥辱。但是我總在想，對媽媽來說，我是甚麼？蹭惡嗎？是對過去錯誤的怨恨？」

「家裡還有誰呢？有別的小孩嗎？」

「還有一個舅舅，媽媽的弟弟，他沒有結婚。外公外婆本來很疼他，重男輕女嘛！可是他也不去工作，整天在外面混，回到家除了拿錢之外，就儘量躲起來，不要被外公外婆看到。」

「那他對妳怎樣呢？」

「我們的遭遇類似吧？都儘量躲著外公外婆跟媽媽，其實舅舅是全家唯一對我好的人，有時候還會買糖果、玩具回來給我。媽媽甚麼都不會買給我，看到舅舅送的玩具還會生氣，跟舅舅在一起應該是我在那個家裡唯一快樂的時候。」嗯！至少童年還不是那麼全然的悲慘。

「現在呢？妳跟舅舅還有聯絡嗎？」

「醫生，我應該沒有跟你說過。其實我把他殺死了。」

在心理治療中不是沒遇過有個案跟我坦承殺了人，第一次被告白我有嚇到，但那是一個年輕男性，照他那衝動的性格、每天跟朋友在街頭鬼混，其實殺了人也不會太令人訝異。但她是個身材瘦弱的女生，舅舅又是跟她感情很好的人，為什麼？

「真的嗎？既然他對妳最好，也是家裡唯一跟妳好的人，為什麼要殺了他？」

「他長期沒有工作，只要有錢，隨時都在打海洛因，也被警察抓過。因為是家裡的獨子，每個人都寵著他，但是到後來他跟我一樣，在家裡會躲著每一個人。」

「那妳是怎麼殺了他的？有人知道嗎？」

「沒有人懷疑過，反正他死了對大家都是一種解脫，而且那樣活著有甚麼意思？生活中除了吸毒，甚麼都不剩。他不在意使用毒品時旁邊有著一個小女孩，有一次他整個人吸毒後軟癱在地上，我心一狠就把剩下的海洛因全都幫他注射了，然後他就沒再醒過來。至少死的那一刻是快樂的吧?我想,不然活著要幹甚麼?」

她不想再繼續心理治療,但「痛」依舊在

她老是把工作擺在第一位,常常出國開會,缺席的次數越來越多,那個治療者跟個案的契約已經非常的薄弱,只剩必要時兩個人在門診聊一聊她的近況。

老是缺席對於治療者來說有喜有憂,喜的是,她的情緒狀況確實有改進,可以好好的工作,跟男朋友的關係也還不錯。憂的是,她從小到大那些悲慘的遭遇、殺掉自己親人所造成的影響並沒有真正得到化解,所有的問題她都不願意做深入的挖掘跟探討。

就像殺死了舅舅,她說得好平靜喔!淡淡的,沒有甚麼情緒,就像只是突然想到該跟治療者說一下。說完她就離開了,沒有罪惡感需要心

理醫師幫忙處理，之後也沒有再提起過。

她很聰明，所以藉著治療，抒發了沉積很久、內心深處的壓力，在短期中得到了幫助。只是不好的記憶跟情緒都不曾消失，或許在半夜的夢裡，舅舅臨死的樣子會再次出現；在希望好好休息的時候，又看到媽媽炯炯的嚴厲眼神。

心理治療並不只是敘述跟抒發，還必須串起過去跟現在生活的連結，建構生命的信念與方向。很多人誤會了心理治療只是談話，只要把過去的問題說出來，內心自然就會去療癒傷痛跟憤怒，生活自此就變得越來越好。現實世界不是這樣的，傷口並不會自行癒合，快樂也不會自此降臨，生命必須賦予不同的定義，找到可以達成，實質有意義的人生目標。

就像催眠治療一樣，發現了自己上輩子是富家千金，現在的老公就是那時候被她欺負的婢女，所以這一世老公老是惹她生氣，最後有外遇是一種因果跟報應。妳的心情很有可能變得沒那麼糟，比較能接受被劈腿的痛苦，也給破裂的關係帶來喘息跟修復的機會。但這不是心理治療，心理治療本身除了「發現」之外，更應該是一個自我成長的過程，而這個過程中理應要處理來自過去的痛苦，跟面對未來的學習。

不要說是一個剛念小學的孩子，即使是青少年，被逼著在菜市場口跪一個小時；不要說幾次，一次都會造成嚴重的心理創傷。童年的創傷帶來的傷害更大，跟成年後的身心健康，包括糖尿病、癌症、憂鬱症，甚至輕生都有很大的關係。最主要的原因是，兒童時期遇到的負面事件，像是被忽略、被霸凌、被性侵時，幼小的心靈並不具備能力去面對跟處理。無法逃避的時候，傷害往往會重複發生，傷痕也更無法癒合。小孩子甚至無法感受到自己是憂鬱、憤怒，或沮喪，只知道不快樂、只知道心裡很「痛」。

「痛」沒辦法被處理，到最後只好用「傷害自己」尋找出口，割腕是最常見的。進入了青少年，持續的壞情緒讓他們開始覺得生命沒有意義、找不到快樂，甚至不知道甚麼是快樂。他們很希望得到幫助，但是卻很少有人可以解決他們的問題，提供真正有用的幫助。那種幫助就是「成長」——在專業的幫助下，重溯過往苦痛的經驗，學會用較成熟的態度，重新去處理跟接受。要先處理它們所遺留的痛苦、憤怒、自卑，跟夢魘；才能尋找到生命的去處，學會好好過生活。

男友醉心尋求新事業，而她盡全力的支持

「舅舅除了吸毒以外，生活好像就沒別的了」，可是她的生活中，除了工作以外，還有甚麼呢？大概也只剩下一個男朋友了。

「說說看你們怎麼認識的？」

「就工作的時候啊！剛好合作一個案子。」又是工作。

「那平常除了工作之外呢？」

「有去看過幾次電影吧！其實不管是出去吃飯、在家喝酒，我們都是不停地討論工作上的事情。」

「他是個甚麼樣的人？」

「讓我想想，他有自己的一份工作，即使做得很好了，但他覺得不滿意，一直想開創自己的事業。他總是想著怎樣可以賺很多錢，沒有假日，沒有休閒，標準的工作狂。」

「妳愛他嗎？他可以帶給妳快樂嗎？」

「一開始單純只是工作的夥伴，做著做著就在一起了，反正工作是我們最大的交集。醫生，你為什麼老是要談『快樂』啊？我是不知道甚麼是快樂，但快樂有那麼重要嗎？我只知道，一旦沒了工作，一旦閒了下來，我會開始恐慌，莫名害怕生活會出問題。」
「出甚麼問題？妳不是工作很穩定嗎？老闆也很喜歡妳。」
「我不知道，就像小時候，媽媽為什麼會生氣我也都不知道，而她總有可以生我氣的理由。我的老闆是一個嚴肅的人，雖然很少對我生氣，但是每次他對別的員工生氣，我都會緊張，怕哪天被罵、被處罰的是我，怕犯了錯他會要我離開公司。」
「有想過感情對妳的意義嗎？想結婚嗎？」
「以前我都忙著工作，從沒交過男朋友，我也不知道一般人是怎麼交往的。我想只是需要另一個人的存在吧？一個人在我的世界裡，和我有某一種的關聯，然後不像母親對我那麼兇，不用孤孤單單一個人每天面對工作。」
「那他不陪你逛街？不陪你去旅行？」

「我們都很忙啊！沒日沒夜、沒假日，他送了我幾次禮物，那就很好了。旅行？就是一起去各處出差啊！談工作、應酬、喝酒。」

她跟著我下診，也跟著去了百貨公司的超市，一種行為治療？

「門診時間已經超過，我也要下班，今天就這樣了！」其實像她這樣逃避心理治療的個案，反而會在門診欲罷不能。那是一種奇怪的心理，他們覺得醫師不應該因為他們的苦難收取心理治療的費用，希望自己主導會談的內容跟時間。每週約定一個小時的心理治療對他們來說有壓力，覺得那是心理治療者掌控的時空，尤其是想逃避，不願面對問題的時候。

「醫生，不能多談一下嗎？那你等一下要做甚麼？」喔！病人一般都會好奇醫生過甚麼樣的生活。

「等一下要去百貨公司啊！去逛逛超市，買些生活用品。」

「那我可以跟你去嗎？」

「去逛超市買買東西，順便逛一下，有甚麼好跟的？你不會到百貨公司超市買東西嗎？」這個年紀的職業婦女是不會去傳統市場的，超市總該會去晃晃吧？

「買東西我都去便利商店，小七啊！去超市又不順路，而且太花時間了！」我想她大概不知道甚麼叫做「逛」。

「你真的要跟嗎？我可是不會管你的喔！我買東西很快的。」

這其實有點矛盾，照說跟心理治療的個案不應該有治療室之外的接觸，可是我們已經好久沒有正式會談了！就是一般的看看門診。而且讓她知道一般人怎麼過生活，甚麼是逛街，也算是一種行為治療吧？

「好吧！你就跟吧！」

在百貨公司的半個多小時，我逛我的，順便講解一下逛街是日常生活中愉快的活動，就晃晃啊！不一定要買東西，她也該抽空多逛街。那天之後，我們又回到了門診模式，一兩個月回來拿一些安眠藥、鎮定劑之類的，她還是對回到心理治療沒甚麼興趣。半年之後，她在門診中突然說心情很不好。

那天晚上他以為我喝醉了，就在套房裡上了我的助手

「你相信嗎？我的男朋友竟然在我們住的房間裡上了我的女助理。」

「不會吧！你們感情不是不錯？不是時時刻刻都在一起工作嗎？妳跟我說說是怎麼了。」面對這種事，她其實還蠻冷靜的，也不哭。

「那天下了班，我們就去吃飯，大家一起喝了不少酒，我醉了。」

「後來呢？」

「他們就扶我一起回到我跟男友住的小套房，我大概睡了一陣子，醒來之後發現竟然他們在做愛。我當下愣住了，不知道怎麼反應，就假裝沒醒過來，聽著他們到結束。」

「妳男朋友看起來還蠻老實的啊！怎麼會這樣？以前劈腿過嗎？」

「沒有，就因為我很信任他，所以讓我很生氣，隔天就把助理辭退了。」

「那妳後來有跟他吵架嗎？」

「沒有，我不喜歡吵架，他說知道錯了就好，工作比較重要。」

我當下可以感受到她很深的失望，但那後面也該有很大的憤怒吧？只是她不想說，早已習慣壓抑自己的情緒。做心理治療最難的是那個切入的點，怎樣去掌握那個切入個案內心深處的時機，既不能太早，也不能猶豫。這時規律的治療很重要，像這樣只肯在門診時間談，下一次見面至少要一個月左右，只能讓她發洩跟給予安慰，想深入多談談的時候，她就離開了。

人可以選擇不去面對問題，選擇逃避，但是命運不一定會就此放過你。

他前妻一天到晚的騷擾我，我覺得太煩了，不如去死

兩個月後的門診，她這次心情是很明顯地變差了很多，因為她最近一直被男友的前妻騷擾。

「前妻？之前倒是沒聽妳提起過，那她是怎樣騷擾呢？」

「就一直打電話叫我離開男朋友啊！我知道他每個月有一兩個周末要回東部老家，看看父母跟朋友，後來才知道他前妻也住在那裡。」

「嗯！這我聽過，但是妳男朋友除了給贍養費之外，不是跟前妻沒有甚麼互動嗎？」

「我之前也是這麼想，想說他講沒跟前妻怎麼樣應該是真的吧！可是他前妻卻不是這麼說的。她說他們還是很親近，一直到最近才知道我的存在，之前從來沒有跟那個女人打過交道。」

「所以她為什麼打電話給妳？」

「應該是我跟男朋友講我們該結婚了吧？經歷了上次女助理的事情，我突然覺得結婚比較好。可能她前妻知道了！開始找我麻煩，淨講些他們還是很有感情，叫我離開他，不要想從他身上挖錢，他根本沒有甚麼錢。」

「那妳跟男朋友說了吧？他怎麼說？」

「他說他前妻是神經病，不要理她，他會處理。」很不幸的是，男人往往處理不好前妻。

這大概是我做她醫師以來，她情緒最惡劣的時候了！雖然從小經歷了那麼多的苦難，父母離異，爸爸從此就不見了，但她一直很堅強。即使跟著一個憂鬱、憤怒的媽媽一起生活，又長期被母親霸凌，既沒有娛樂，也不准跟同學出去玩，她還是書讀得很好，工作也算順利。她總是獨自一個人活著，沒有安全感、孤獨，只能、只會很努力的工作，一直到遇見男朋友。

一開始她以為男朋友是可靠、能信任的，雖然不夠體貼；但是與其說他們是生活的伴侶，其實更像是一起打拼的工作夥伴。但人總有感情跟親密關係上的需求，男朋友是這輩子她唯一曾經信得過，至少會真心關懷她的人。幾個月前發生的那件事，還有前妻最近講的一些話，應該讓她很疑惑，很憤怒，也很失望。可是沒了男朋友，她就會是孤單一個人，連工作夥伴都沒有了，她如何接受失去呢？

「後來呢？她的前妻有不再騷擾妳嗎？」

「才沒有，她還跑到辦公室來找我，要我離開他，還罵我不要臉。」

「那妳男朋友呢？」

「他說他也沒辦法，叫我不要理她就好，可是我幹嘛這樣被人侮辱啊？好幾個禮拜了！」

好不容易安撫了她，說我會約她男朋友談一談，看看到底是怎麼樣，下次再跟她討論。心想這或許可以重啟心理治療，可是我沒有機會，她留下了嘴唇的餘溫，最後選擇用塑膠袋套在頭上，結束了自己的生命。

醫師的冷酷與高傲

病人死了，醫生心裡難過嗎？有多難過？就算心裡真的有很深的感受，但是醫師是不能允許自己難過的。依然有許多的病人要照顧，必須要冷酷的面對接下來的每一天，進行每一次的會談。

甚麼立志做史懷哲，甚麼要懸壺濟世，其實未免都把醫師看得太高了，我們也都只是凡人。但高傲是很多醫師的特質，因為我們掌握的是人類的生命，可以救活病人，可以決定一家子的快樂與幸福。高傲既是職業上成功的結果，也可以保護醫師不受失敗，像病人死亡帶來的痛苦，但卻會讓我們失去自省的能力。

充滿愛心、視病猶親的不一定是好醫師，決定病人生死的不是醫師的仁慈，是知識跟醫術，還有堅持不懈，甚至是那種非得把病人醫好的好勝心。重點從來不是病人會不會死，多的是醫師救不活的病人，一個過度有愛心的醫師，能夠扛多少的人間生死？往往不是病人之福。而是當可以把人救活，可以讓人免於苦痛的時候，醫師有沒有能力、有沒有盡力。

一個精神科醫師做久了，說沒有遇過病人輕生是不可能的事情，曾經有一對父母，在十七歲的兒子輕生的兩年後，突然決定來找我，想要知道他們是不是做錯了甚麼。我剛看到他們那個患有思覺失調的兒子時，他已經被幻覺跟妄想困擾一年多了，課業跟人際關係都因為症狀而支離破碎。他活得很努力、很辛苦，也非常痛苦，常常都想結束自己的生命。

經過兩個多禮拜的治療後，症狀還是很嚴重，考量到他的生命安全，只得請父母帶他去大醫院的精神科病房住院。很不幸的是，思覺失調症有一〇至二〇%的病人，治療的效果很不理想，他是其中之一，出院半年後他選擇結束了自己的生命。父母親很自責一開始沒有立即帶他就醫，不理解那是生病了；他們自責在兒子病魔纏身時，有時甚至會失控兇他，罵他不夠堅強，質疑他只是不肯好好努力念書。

爸爸媽媽在自我折磨了很久之後，才決定回來門診找我，即使那最後的半年，他一直在醫院追蹤治療，而不是在我的照顧之下。他們選擇了我來做兒子的代言人，選擇了我來為那個受苦的生命做最後的終結，希望從我口中他們可以得到救贖，那是光榮、卻極為沉重的承擔。

高傲可以讓我的工作容易些，但也會失去在懊惱後的反省

你期待生命中出現一個溫柔、親切、包容，有耐心，而且樂於傾聽的人嗎？你認為去傾聽這樣的故事容易嗎？其實是可以比較容易的，假如我只是表面的安慰他們，說個幾遍這不是他們的錯。但是這樣趕不走揪心的悔恨跟懊惱，他們需要真正的被傾聽，需要我用盡全心全意，化身為他們的兒子去接納悲傷跟悔恨。

要做的絕不是「安慰」，而是要打從心裡相信，跟傳達「他的死不是因為你們的錯」、「爸媽我知道你們愛我，我也愛你們」；而傾聽者就會無可避免沉浸自己在他們的椎心悔恨。

幾乎每年都會有一位以上的門診病人結束自己的生命，老天爺自會透過不同的管道讓我知道他們的命運，就像這一對父母。我不太會自責，因為我知道自己盡了力，門診中那麼多的生命不是每一個我都能救得到的。但是我心理治療的個案輕生，這是我的第一個，也是唯一的一個。

事情已經過了好幾年，但是腦海中關於那個病人的疑問，應該就像那一對父母的自責，不曾停止過。假如我不曾讓她跟著我去逛街、不是那麼冷酷的拒絕那一個吻的請託、不曾害怕去處理當下跟之後的不知所措，可以積極一點跟她約時間談談內心的憤怒，事情會不會不一樣[1]？

不是只有心理治療進行的時候不知道結局，每一個互動當下也不知道那會是怎樣的因果，心理醫師仰賴的不是親切跟慈悲，而是專業、經驗，還有天知道哪裡來的自信與直覺。

是的，冷酷又高傲的醫師，很多認識我的人都這麼認為，我也承認那是諸多面向中我最廣為人知的那一個。但是冷酷跟高傲既是我的本質，也是敏銳又苛求的心靈，唯一所擁有的防護罩。知道自己是一個矛盾的存在，正因為知道，所以具備了作為一個「心靈」治療者最重要的條件。

面對生命、面對死亡，面對不知道的生命意義，人不會矛盾應該很奇怪吧？矛盾讓我從冷酷跟高傲裡走下神壇，讓我可以思考跟接受人的苦難、自戀，跟愚蠢。我沒有辦法想像一個充滿信心，看不清人世是這麼荒謬又可憫的醫師，如何能成為一個擁有同理心的治療者？

最糟的是「終結生命」嗎？不，但人生可以有很多的選擇

生而有涯，死亡可以用不同的形式迎接我們，最難過的並不是死去的人，因為死亡終結了一切。死亡帶來的最大苦難，往往是它所留下來的遺憾跟難捨，就像那一對前來尋求告解跟原諒的父母，跟我這幾年來

的魂縈夢牽。

這並不是一個完整的心理治療，專業的心理治療者一定這樣認為，我完全同意。這更是一個失敗而悲傷的心理治療，我應該可以做得更好，結局就像歌劇院裡的魅影，數年來纏繞在我腦海，在潛意識裡啃蝕掉不少的快樂。不認為有人可以讓我尋求告解，也不認為有人可以幫我解除困惑；因為勇於面對、自我省視是每個人，也是心理治療者最終的依靠，不需要自責。

生命有很多的選擇，在每一個大大小小的瞬間裡，只是人們往往都不這麼認為。對於絕大多數前來尋求心理治療的人來說，他們是來尋求擺脫痛苦，得到快樂的人生；而對於很多的心理治療者來說，他們認為自己是來提供幫助。但是在心理治療者的歷程裡，我體會到的是跟個案一起努力，面對過去的桎梏，體認當下的困境，知道我們可以做不同的選擇，並且努力學習去達成那個抉擇。

在選擇死亡之前，我們可以為自己的人生，選擇不同的想法來面對，用不同的態度來存活。這時的選擇所代表的就是一個重大的改變，改變確實很難，需要斷捨離的勇氣跟智慧；但有時也只是一念之間而已。這一念需要勇氣、也需要努力，還可以尋求專業的幫助。對心理治療者來說，我們需要不懈的學習、不斷的自我省視，還需要歲月累積釀製的人生智慧。

註釋：

1. 傳統的心理分析中，心理治療者跟個案的關係該是冷淡的，一開始心理醫師甚至坐在個案的後面，沒有任何關心的語句，只是誘導個案不斷的自我探索。是到了後來人本主義興起，希望治療者有更多感情的投入，不要吝於表達關懷讓個案知道，心理醫師才變得比較可親。其實心理治療真的是該嚴肅些的，心理醫師跟個案之間的互動要專業，不要讓個案把治療當成聊天，把治療者當成聽眾，甚至讓個案投射過多的感情，鬧出一些個案愛上醫師的狀況。

第二章　拯救衣索比亞難民大作戰

一個台灣的醫師怎麼會跑到**衣索比亞**，一個那麼遙遠的非洲國家去拯救難民呢？還是什麼時候我們把**衣索比亞**的難民送回台灣治療？即使如此，也應該是腸胃科醫師來幫忙，跟精神科醫師有甚相干？

猜不到吧？給你們一個提示，除了**衣索比亞**的難民外，我們的病房也住有**賴比瑞亞**難民喔！還是猜不到吧？提示二，這些難民都患有某種精神科疾病，一種好發於年輕女性的疾病。

答案是：「治療厭食症的患者」

厭食症這種東西就像流行病一樣，當減肥成為一個熱門話題，雜誌、媒體常常在凸顯**「瘦就是美」**的時候，**厭食症**的病人就會突然多了起來。

那一陣子是**羅×纖**剛要上市的時候，就是那種吃了會放噁心油屁屁的減肥藥，也是台灣人最瘋狂「想瘦」的年代。一開始，門診出現了不少有幻覺，覺得有人要迫害她們的年輕女性病人。奇怪的是，要說她們是**思覺失調症**，哪會突然間出現這麼多病人，而且**思覺失調症**的病人總是會把幻覺跟妄想當真、深信不疑，但是她們不會，自己都覺得那些是不正常的。最後才發現，原來是她們吃了摻有**安非他命**的減肥藥，而**安非他命**吃多了會造成幻覺、被害妄想。

情況危急的紙片人

後來那些患了**厭食症**的年輕女生，開始一個一個來精神科看診；又過了一陣子，身心病房就開始出現那些情況危急的紙片人。實在看多了，住院醫師們就開始比看誰的病人比較瘦，有一個幽默的醫師突發奇想：「那用非洲難民來分類好了」，因為那時剛好非洲在鬧飢荒。

第三名叫甚麼我忘了，**賴比瑞亞**難民是第二名，標準是骨頭上還多少黏著些肉，肋骨中間還僅是略微凹陷的丘陵地形。**衣索比亞**難民最慘了，睜著一顆圓圓的大眼睛（因為臉實在太小了），一副超級無辜的可憐樣，細細的骨頭上只黏著薄薄的一層皮，肋骨丘陵都變成峽谷了。

那時我比較菜，還輪不到去照顧身心病房的病人，聽到前輩醫師們這麼有趣又傳神的形容，內心不禁躍躍欲試。想說照顧這些難民們應該很好玩吧？努力把她們餵胖不就得了！男生的腦子可能比較簡單。天曉得我犯了一個多大的錯誤，一點都不好玩，風險很高，搞不好是會弄出人命的。

那陣子歐美有幾個模特兒接連的死於厭食症，讓國際間不得不制定模特兒體重的最低標準。你可能會想說，那是因為家人朋友不夠關心，發現得太慢所以才會死掉的。要是發現得早，讓醫師介入跟治療，最不濟就讓她們住在醫院裡灌營養針，怎麼會弄到喪命呢？剛開始我也是的這麼認為，但是在我即將要輪值到身心病房的時候，不幸的故事開始接二連三的傳出來。

「你知道那個衣索比亞難民嗎？就是某某醫師照顧的那一個。」

「知道啊！有聽說了，很精彩，某某醫師不是一天到晚在幫她算熱量，看看要補多少營養嗎？怎樣了，最近體重終於突破三十公斤了嗎（身高一百五十六公分）？住了兩個多月，也該出院了吧？」

「甚麼三十公斤！原本是二十八公斤的，結果不知道鬧甚麼彆扭，東西一概都不吃，才沒幾天就掉到了二十四公斤。結果出現嚴重的心律不整，現在已經送到加護病房了！恐怕有生命危險。」

各位一定跟我當時有相同的疑問，現代醫學這麼發達，插根鼻胃管強迫灌食也好，再不然直接從中央靜脈把營養輸進去不就好了，住在醫院裡怎麼還會有問題呢？咳！有很多東西是意料不到的，厭食症病人想法之奇怪、意志之堅定，遠非一般人可以想像，後來那個病人真的死了。

胖子醫師的親身經驗

這一輩子我至少有三分之二的歲月都在跟體重奮鬥，我小時候很瘦，下巴尖到臉就像是倒三角形那種。小學三年級時學柔道，被摔過來丟過去，也不知道腦子那裡被摔壞了，竟然就像吹氣球般一直胖起來，到了國中已經是七十多公斤的小胖弟。

我很知道甚麼是**「胖子的自卑」**，覺得自己長得很醜，尤其厭惡肚子上的那一團肥油，根本就不敢跟女生講話。還記得高中時有一次去參加自強活動，那是在合歡山，也是生平第一次看到雪，大家都興奮極了，團隊中有一個女生長得超卡哇伊，很多男生都被迷得七暈八素，包括我在內。

照說銀白色的世界很羅曼蒂克，氣氛超棒，大家也都玩得很開心、很熱絡，幾天下來我總是想試著去跟她說說話。可是我沒有，我不敢，因為覺得自己太胖、很醜，人家一定看不上。做一隻癩蝦蟆也就算了，幹嘛非得要ㄒㄧㄠˋ想天鵝肉呢？恐怕連要當在旁邊飛舞的蒼蠅，都會被嫌很大隻吧？到最後只會呆呆的坐在我同學的背後，看著他們談天說地，眼睜睜的看著她最後成為他的女朋友。

這種胖子的悲哀一直延續到考上大學那年的暑假，在成功嶺上的軍事訓練，竟然讓我兩個月內瘦了十公斤。肚子不見、下巴也尖了，自信也回來了，我老妹竟然說我是醜小鴨變天鵝。從此我就很注意自己的飲食，老是處在半飢餓的狀態，不然一定會胖起來。後來去美國讀了幾年的書，一不小心那十公斤又回來了，儘管老是喊著要減肥，到現在連一百公克也沒少到，所以還在自卑中。

知道我有多喜歡美食嗎？為了怕胖已經有幾年沒吃最喜歡的芋頭甜湯了？因為那個鬆鬆軟軟的芋頭，非定得要加一大堆的糖才會好吃。鹽酥雞？一季吃一次已經變成一年一次，唯一戒不掉的是珍珠綠茶，「拜託，一點點糖就好」。

被說臉圓，竟從此走上不歸路

小茹，十四歲，國中二年級，身高一百五十四公分，住院時二十七公斤，是**厭食症**患者住院時的標準體重。她從國中一年級被同學嘲笑「臉圓」之後，就發憤減肥到現在。一年零兩個月裡，她意志卓絕的從四十五公斤減到三十公斤，但是這樣還不夠，還要繼續給它ㄙㄡˋ下去。而這兩三禮拜體重下降的情形，簡直像溜滑梯般的恐怖，已經快到了有生命危險的程度。

在她們的眼裡應該像隻大號恐龍的我，在親自照顧過**厭食症**的病人，每天得要百般懇求，她們才會好歹吃點東西之後，終於知道要餵胖厭食症的病人是種甚麼樣的折磨，說是作戰一點也不為過。

第一個麻煩——理想體重該多少？

女生的標準體重是這樣算的〔身高（公分）－70〕×0.6〕，正負一〇％為正常體重，正負一〇％～二〇％為體重過重或過輕，正負二〇％以上為肥胖或體重不足。依據公式，小茹的標準體重是五〇．四四公斤，體重合理範圍是四十五～五十五公斤，低於四十公斤則是體重不足。這是國外的公式，對於不喜歡運動的東方女性來講，因為肌肉量較少，標準數字是偏高的，但是二十七公斤呢？當然是嚴重到不行的超輕量級。

「小茹啊！我們來研究一下好不好，照公式算，妳的標準體重應該是五十公斤多一點，有沒有算錯呢？」這是談判的技巧，叫做**定錨效應**，就像胡亂殺價，先殺個五折再說。反正不管出多少，對方一定討價還價，不如坐地起價，空間較多。

「嗯！」一臉不可思議的樣子，想都不用想，不要說五十公斤了，就連四十五公斤的低標也絕對不可能被接受。

「妳覺得四十公斤呢？至少不要體重不足啊！妳可是還在發育中的青少年。」其實有經驗的醫師都知道，能夠增加到三十公斤以上，就已經是很困難了。

「喔！」接著是很長很長的沉默，意料中事，沒有嚴正提出抗議已經算是頗給面子了，得要換個方式。

「對了，可以了解一下當妳還沒開始減肥之前，也就是一年多前，妳的那個MC來了嗎？」她媽媽沒有在旁邊，問小女生這個有點尷尬。

「有啊！」她倒是比我落落大方，時代不一樣了，現在國中的健康教育有好好在教。

「那現在還有來嗎？」我敢打賭一定沒有。

「沒有了。」有一點點動心。

「有多久沒來了呢？那時候體重大概是多少？」體重太輕會影響內分泌，我另外一個厭食症的病人只要體重不足那個就不會來。

「大概半年多沒來了。」

「那時候體重多少呢？」

「應該差不多三十五、三十六公斤吧？」好吧！喊價就先定在三十五公斤好了。老實說，這一次住院是不可能達到這個目標的，即使住上個一整年恐怕都還很困難。

「從醫學的角度來看，人體的正常運作需要一定的體重與營養，假如連應該來的月經都沒有了，那可是對身體不好的。妳不覺得皮膚變粗了，頭髮也減少了嗎？這些都跟你因為體重不足，荷爾蒙也跟著分泌不足有關。」

「嗯！」至少她點了點頭，不過可以看得出來，是既不心甘情願，也沒打算好好配合的樣子。其實跟厭食症的病人講道理沒甚麼效果，但是可以把邏輯先建立起來，免得落為主觀上的爭辯。

「這樣好了，我們這次住院看看能不能先增加到三十二公斤好了，妳覺得呢？」還是務實點，再多打點折扣吧！至少可以比較放心。

「喔！好吧！我看看。」對沒有經驗的菜鳥來說，這個第一次的談判，我給自己的表現打個八十分。

「看看？」一點誠意都聽不出來，但至少還不失為一個可以接受的開始。照之前體重下降的速度，只要再一個月，她的體重就會掉到有生命危險的程度。先求不要往下掉，另外再多出個三、四公斤的緩衝，這樣出院時至少可以放心點，門診再來長期抗戰。

第二個麻煩——體重多久量一次？

病房裡是規定一個禮拜幫病人量兩次體重的，但是以她的情況，當然能夠天天量是最理想的。我那時沒有照顧厭食症病人的經驗，心想要是有甚麼萬一，像是病人進了加護病房，那可就不好玩，所以在病歷的醫囑上就寫下「請天天幫病人量體重」。

到了第三天問題就來了，護士小姐跑來跟我報告說病人臉很臭，不願意配合量體重，問我怎麼辦？這是叫我出面處理的意思，知道了。

「小茹啊！每天量個體重有甚麼問題嗎？有困難嗎？」

「黃醫師，其他病人也沒有天天量啊！為什麼我就要天天量呢？」

奇怪了，小茹的媽媽之前告訴我，小茹最愛量體重了，每天不知道要量幾次才甘願，她氣得都想把體重計丟掉算了。小茹幹嘛要抗議啊？我這個臭男生沒甚麼心眼，實在搞不懂小女生在想甚麼，只好使個緩兵之計，跟小茹說我回去研究一下。

「曾醫師啊！為什麼病人不願意配合量體重呢？之前她不是自己每天量好幾次體重的嗎？我該怎麼處理這個狀況呢？」主治的曾醫師是這方面的專家，經驗豐富，經常在媒體上呼籲要注意青少年**厭食症**的問題。

「之前她在意的是看看體重減了有多少，只要體重計上的數字越來越少，她就越高興，不然呢就會繼續努力。現在都講好了目標是要增加她的體重，所以每次量體重對小茹來說都是一種壓力，她當然不願意囉！」對喔，這麼簡單的道理我怎麼想不通，笨男生。

「可是一個禮拜量兩次又太少了，會不會有變化、出問題呢？」

「依目前的狀況應該還好，要是體重再掉個兩公斤，就不管如何也得要天天量。但是兩次也真的太少了，畢竟得要從體重上去推敲她進食的狀況，然後再根據這個來跟她討論，就先一、三、五，一個禮拜三次好了。」

照顧厭食症患者真的是要經驗，尤其是要了解青少年女生古靈精怪的心理，對三十來歲，作慣書呆子的醫生叔叔來說真是一大挑戰。醫學不是死板板的，尤其處理病人的「心思」是很需要經驗的，以前都覺得病人不太會跟醫師說謊，後來才知道被隱瞞、被欺騙是常態。有時好想跟病人講：「欺騙醫師是要下地獄的！」

第三個麻煩——訂定飲食契約

住院的第二天，營養師來跟小茹討論要怎麼吃才對，包括每天該吃進多少卡路里，食物的種類該怎麼選擇，每一種食物有甚麼養份，大概有多少熱量。這種事情小茹學得可快了，事實上在住院之前她已經是營養學的小專家了，甚麼食物有多少熱量，怎樣吃才不會胖，她可是一清二楚。

所有得到**厭食症**的人都是卡路里的精算師，後來我才知道，有蠻多**厭食症**患者在長大之後，職業就是營養師。不過我可必須解釋一下，在營養師裡，得到厭食症的還是極少數，大家可不要把營養師都當成**厭食症**病人了。

講歸講，其實一點都沒有用，過了五天體重又掉了半公斤，該來點狠的了。

「小茹啊！妳的體重又掉了半公斤耶！妳有沒有照營養師說的做呢？還是上次營養師講的妳不是很清楚呢？要不要我請她再來跟你談一談？」

其實營養師也是一種跟病人溝通的媒介，換個人來講，就比較不會像都是我在施壓。說搞不清楚是不太可能的，只是給小茹一個台階下，不要一開始就讓氣氛太僵了。但是短短時間內，她又瘦了半公斤，我已經「有點」不是太滿意。

「好啊！我可能還是不太清楚該怎麼吃才對。」不開花的水仙裝蒜啊！給她一個苦笑好了。先緩衝一下，我可不要變成下一個把病人送進加護病房的醫師。

「我跟你說，為了確實掌握妳每天進食的狀況，然後計算每天妳吃的卡路里數，看看體重會不會如預期的增加。所以每次吃東西前妳都要來護理站做紀錄，除了食物的種類之外還要秤重量，吃完之後也要再秤一次，看看吃了多少，這樣了解嗎？」

要清楚的讓小茹知道我們的決心，不要覺得是可以隨便呼弄過去的。雖然表面上是在徵詢小茹的意見，也用很溫柔的語氣，但實際上可是沒甚麼商量的餘地，小茹應該也很清楚狀況，她識相的點了點頭。

「營養師下午就會來看妳，那我們就一起來定一個飲食契約囉？」

「好嘛！」一付要哭要哭的，楚楚可憐的無辜樣，但我可是不會，也不能心軟。

第四個麻煩——你絕對不能相信她

又過了一個禮拜，好消息是體重至少沒有再往下掉了，「還有」二六．五公斤，但令人遺憾的是，體重其實也沒有任何的增加。這樣不對啊！依照紀錄顯示，每天所攝取的卡路里數應該會讓她增加至少半公斤才對，甚麼地方出了問題呢？又該跟專家討教了。

「為甚麼小茹的體重一點都沒有增加呢？紀錄上她吃得還不錯啊！她也蠻乖的，都有在照著我們訂的契約去做，護士小姐也都有幫忙在看著她。」

「**厭食症**的病人花樣是很多的，門診最常見的是量體重時穿上外套、厚襪子，再加上塞了一些有的沒有的，至少多了兩公斤，另外像催吐也是很常見的。一開始沒跟你說這些是想讓你親身體驗一下，另外呢！要是一開始就對她很嚴格，恐怕我們跟小茹的關係很快就會變得過度緊張。」

「是這樣喔！過來該怎麼做呢？」我恍然大悟，從錯誤中學到的教訓真是蠻深刻的。

「過來就要嚴格一點了，小茹吃完東西半個小時內要她待在護理站視線範圍裡，不可以上廁所。要是中午沒有甚麼事，你就陪著她一起吃飯，看看她吃東西的情形，也培養一下交情。」

吼，現在又得要陪病人吃飯了，而且還是在病房裡，大庭廣眾之下，其中有一些還是我的病人，我吃得下去嗎？

吃就吃吧！所有的醫師裡面，大概只有精神科醫師的工作還包括陪病人吃飯這一樁了。不過我還曾經陪病人去找過她這輩子，二十多年都沒見過面的親生父親呢！這恐怕是絕大多數精神科醫師也沒幹過的事。

說也奇怪，其他病人一看到醫師拿一個便當盒進來，坐在他們平常用餐的休息室，大家有志一同的趕快閃，轉眼間就剩下我跟小茹兩個人。奇怪，閃甚麼？我身上是有很多的細菌或病毒嗎？我有把醫師袍脫下來喔！我是洪水猛獸嗎？算了，不跟你們計較，反正這樣比較清靜，也比較方便跟小茹聊天。

不過問題來了，各位不知道有沒有發現到，醫師吃飯的速度都是很快的，尤其在醫院裡面吃飯，經常三口兩口就吃完了，這也算是一種職業病吧！可是小茹吃飯有夠慢的，跟我的速度相比大概像是龜兔賽跑。

首先，她要花個兩三分鐘仔細的審視飯盒裡裝了甚麼東西，可能是在計算卡路里，並擬定對食物的進攻計畫吧？接著呢是慢條斯理的挑掉有油的部分，然後就用筷子撥啊撥的，好像先要數數看飯粒有多少顆，然後才能吃進嘴巴裡去，三不五時還停下來東翻翻西挑挑。咳！台大醫院的飯盒沒多好吃，不需要研究這麼久的。

她這些挑三揀四的動作其實做得還蠻優雅的，害我也不好意思像平常一樣的狼吞虎嚥，要不然在她吃第一口飯的時候，我可能已經把飯吃完了，這應該是破了我有史以來吃便當最慢的速度吧？半個小時過後，我早已吃完了，而小茹只吃了不到四分之一，只好繼續看著她數飯粒，就這樣又過了十分鐘，她勉強吃了快三分之一。

實在是凍未著了，留下她一個人繼續研究，繼續奮鬥，我得要出去走一走，透透氣。半個小時後我回來了，護士小姐很高興的跟我報告小茹的情形。

「黃醫師，你好厲害喔！小茹今天幾乎把中午的便當吃完了耶！真是不簡單。」怎麼可能？以剛剛的情形來看，恐怕非得還要一個小時才會有這樣的成績。

「我不太相信她真的吃了這麼多，妳們有幫她檢查一下嗎？」

「你離開後我們有進去看她吃飯的情形，她吃得還蠻快的啊！垃圾桶我們也檢查了一下，裡面只有墊在飯盒下的舊報紙。」她突然停了一下，狐疑的看了我一眼。

「我再去看看好了。」

答案揭曉，報紙裡面包了快半個飯盒的食物，尤其是那些上面好像沾了油脂的飯跟菜都在裡面了。

「她好厲害，一定是一面吃，一面趁沒有人注意時就把食物弄進舊報紙裡，難怪她報紙墊得比別人多。」

「好吧！恐怕我們得輪流陪她吃飯了，先別打草驚蛇，不要讓她知道我們已經發現了她的步數。」趁此機會分派工作給護士小姐們，單靠我一個人太累了，有時中午還得開會，哪可能每天這樣搞。

終於在大家的努力之下，小茹的體重開始止跌反彈，兩個禮拜之內增加了一公斤，真不簡單。

第五個麻煩——你絕對不能惹惱她

「小茹不錯喔！現在已經快二十八公斤了，再加點油，三十公斤就可以出院了。你會想念上學嗎？上個禮拜好多同學來看妳，人緣不錯喔！」

「醫生，我覺得自己很胖耶！可以不要吃這麼多嗎？」小茹嘟著嘴，好像要哭出來了！

「胖？那裡胖？我一點都看不出來啊！妳還是很ㄙㄡˋ。」

「照鏡子的時候覺得自己的臉很大，這樣別人還是會笑我。」

奇怪了，小茹照鏡子的時候，怎麼看不到自己兩邊的肋骨活像是洗衣板呢？怎麼看不到手跟腳細到像一不小心就會折斷了呢？臉很大？哪有？只是顴骨比較大，明顯了些罷了。這樣的事我後來又遇到了好幾次，幾乎所有的厭食症病人都嫌自己的臉大，而且她們都只看那些她們在意的部位，其他的地方根本就是視而不見。

「哪有的事，妳想太多了，不會有人笑妳的。」這是真心話，但陪笑很累。

「你不知道，一定會的，我不要吃這麼多東西了。」小茹已經快哭出來了。

住院也已經一個月，有關體重的標準，體重太低的問題，以及再瘦下去可能的生命危險也不知講了多少次，現在好像又回到了原點。老實說，跟隨著挫折而來的情緒已經有點給它按耐不太住了，很想要義正嚴詞的小小訓一下話。

不行，之前那一個送加護病房的案例或許就是這樣造成的，惹惱了厭食症的病人，他們可是會一點東西都不吃以示抗議的。之所以不敢斷然使用灌食或打營養針也是有原因的，因為一旦違反了病人的主觀意願，強讓她們增胖，這樣只會讓她們鐵了心頑抗到底。到最後會變成一場你來我往、反反覆覆、累月經年的拉鋸戰，結局往往只會更悲慘，一定要忍耐，千萬不能惹惱她。

第六個麻煩——我是男醫生

在接下來的一個禮拜，話題始終圍繞著小茹到底是哪裡胖，食物可不可以多吃一些打轉，體重呢也跟著在原地打轉。講道理是講不通的，動之以情呢？頂多只是讓體重不再下降，兇一下則是連想都不用想。

各位啊！請替我設身處地想一想，一個三十來歲的大男生，每天最重要，也是最困難的工作竟然是，跟一個十四歲的小女生翻來覆去保證她一點都不胖，苦苦拜託她多吃一點。還不是一天兩天，一個禮拜兩個禮拜喔！已經一個月了，那真的是快抓狂的事。

各位啊！知道我去做了甚麼嗎？我跑去上網。咳！去打線上遊戲嗎？還是玩網路交友紓解壓力，吐吐苦水呢？不好意思，十年多前線上遊戲跟網路交友都還沒存在，我是到醫學網站上去查期刊，去看看是不是我的修養太差，還是男的精神科醫師都會受不了**厭食症**的小女生。

真的ㄟ！當我輸入**男精神科醫師**與**厭食症女生**兩個關鍵字之後，就像甚麼**魔羯男牡羊女**配不配，竟然出現有好幾篇的專業文章在討論兩者的恩怨情仇。結論是，我不是特例，而是此類職場災難眾多的受害者之一。要大男生三天兩頭跟小女生談體重、勸小女生吃東西真是一大折磨，尤其是當對方已經是瘦得跟**衣索比亞**難民沒甚麼兩樣的時候。醫生喜歡邏輯分析，男生也比較喜歡講道理，而**厭食症**的病人怎樣都覺得自己不夠瘦，更何況是想瘦的女生。在四九九可以吃到飽的社會，瘦成像難民是一點道理都沒有，治療到最後，只有越來越沮喪，越來越火大。

還好，這個瓶頸期總算被克服了，又過了快一個月，小茹的體重終於突破了三十大關，可以出院了，這漫長的兩個月真可以說是大戰一場。出院後小茹會在曾醫師的門診追蹤治療，換句話說我解脫了，可以好好休息，好好吃飯了。

心理治療不是在講道理的

照顧厭食症的病人是人生一種很、很特別的經歷，尤其是那一種住了院的紙片人小女生，隨時都要戰戰兢兢怕說錯話。正如同孔夫子所言「天將降大任於斯人也，必先苦其心志，勞其筋骨……」搶救**衣索比亞**難民大作戰跟勞其筋骨無關，但絕對是苦其心志的大挑戰，尤其對男醫師。

其實心理治療從來不是講道理的，同理心也不是靠「說」的，小茹可以跟我講的話越來越多，可以撒嬌，那就已經是很大的進展了！

耐心跟用心對**厭食症**患者最重要，要感動對方到她可以接受合理的體重，常常需要好幾年不間斷的努力，讓她了解醫師的真心真意，並完成對自己的肯定。最近的門診中，看到病人的體重從三字頭上升到四字頭，心情跟健康都變好，也還蠻感動的。

第三章　醫生，我好想打爆別人的頭

「腦子裡最近經常出現一個念頭，就是反覆想著要拿球棒打爆別人的頭，尤其在人來人往的地方。很清楚知道自己不應該、也絕對不能那樣做，可那個念頭會不受控的，不斷地出現在腦海。很擔心萬一哪天控制不住自己，醫生，我該怎麼辦？」

強迫症的病人，在精神科中不算少見，甚麼奇怪的症狀都可以出現，反覆洗手、反覆檢查門窗，這些是最司空見慣的。比較奇怪一點的，像是爬樓梯時腦中要唸著數字，三的倍數才可以繼續爬下一層；遇到壓力會一直默背數學公式，這也都是小兒科。

有個病人會一直檢查瓦斯的開關，而他之所以急切的來尋求治療，是因為單純檢查關好了沒不夠，還必須要用打火機點火，確認沒有瓦斯外漏。問題是，他得不斷開開關關，點火測試好幾次才可以放下心，到最後開始擔心會不會造成大爆炸。

還有一個案例是，開車時只要遇到一個顛頗，他就會不由自主的擔心是不是壓到人，即使臨時下車有危險，但無法阻斷自己得要去查看的衝動。他知道這樣很不合理，照說車子好好的開在沒人的馬路上，根本沒有必要擔心壓到人。但是像這樣要「爆頭」的強迫思考，擔心會殺了人，這真是沒遇過、沒聽過。

心理治療是一種因緣，個案會莫名地找上治療者

晚上六點了，對住院醫師來說，這時候下班有點早，一般總是要到

七點以後。一旁走在通往出口的樓梯上，步履沉重、滿臉倦容的，是剛剛看完下午門診的主治醫師，一個在台灣享有盛名的心理治療老師。

平常會急著下班的他，突然跟我聊了起來，說有個病人讓他很擔心。這三個多月來，他必須在門診時間後，多留半個小時幫**阿倫**做心理治療，還試了很多藥物，但是情況卻不見好轉。今天聽到**阿倫**想打爆別人的頭，特別為此整整談了一個小時，但他還是覺得情況很「危險」。因為**阿倫**長得又高又壯，他很擔心搞不好那天會出現血淋淋、頭被打爆的「頭條新聞」，記者找到精神科裡來。

「你最近工作還好嗎？忙嗎？」

「還好啊！現在正要準備下班，難得可以早點回去跟家人吃飯呢！」

「我最近比較忙，實在沒辦法每周抽出一個小時，特別安排跟**阿倫**做心理治療。老實說，看完門診之後我也累了！沒辦法好好的晤談，你有時間可以接手嗎？」連全國最知名的心理醫師都覺得擔心、棘手，需要別人幫忙的個案？

其實台大醫院的主治醫師是很忙的，平常醫療、教學、研究，行政樣樣都要做，大大小小無數的會議、課程，想要有時間好好做心理治療是真的很難。尤其像這種狀況急迫，危險性又高的個案，特別需要掛心；轉手不是因為能力不足，是代表我的能力受到認可。

「好的，我來。」老實說，那時的我比較年輕，好勝心強，喜歡接受挑戰。

之前，其實我從沒做過強迫症的心理治療

「**阿倫**，你好，聽你的醫師說，你會有想要打人的念頭是嗎？可以跟我描述一下嗎？」

「嗯，是這樣的，這幾個月來我要是走在人多的地方，像是在捷運、火車站裡，就會莫名奇怪的煩躁起來，腦子裡自己跑出來想要拿球棒，或安全帽往別人頭上哐下去的想法。為什麼想要傷害別人？我也不知道，一開始還可以壓制自己的念頭，但是那個想法最近越來越不受控，會不停地出現。最後強烈到像是一個聲音，不斷地催促我去傷害人，不知道我可以抵抗到甚麼時候，很害怕自己真的會動手。」

阿倫真的像我被告知的那麼壯，很高，有一百八十幾公分，合身的T恤底下可以看得出來都是肌肉，要是真的控制不住去傷害人，那絕對是件很糟糕的事情。可是他有一個還蠻溫柔的聲音，該怎麼形容呢？……總之，我不擔心他真的會出手傷害人，因為我的直覺說他不會。

「直覺」？心理治療講「直覺」？醫師你會不會太誇張？

這本書才第三個故事，你們已經聽我講了兩次的直覺，應該開始有人懷疑，要是我的直覺不準了怎麼辦？路上的行人被打死了誰負責？其實直覺不完全是直覺，只是在心理治療會談的當下，心理醫師的腦子很忙的，當下只能先靠感覺。你們或許會想說，就講講話而已，有甚麼好忙的，醫師你會不會真的太誇張？

正因為「**心理治療真的不是用嘴巴說說**」而已，除了要聽個案講的話，觀察他的神情跟行為，同時還要想著自己該接著說甚麼，然後緊接著的，就是預期個案下一步的反應跟回答。有些時刻，在聽個案講話的同時，還要跟過去的談話過程做連結，探尋個案的潛意識，決定下一步怎麼做，而這一切都發生在很短的時間之內，除了很忙之外，還非常耗神。

正因為會忙到沒有辦法同時處理那麼多的訊息，所以先抓一個感覺，抓一個方向，事後回過頭去看，直覺都是有一定根據的。像是他講話慢條斯理，互動時也很有禮貌，這些在在都顯示了他的衝動性不會太高。還有，他對自己的未來很有期待跟想法，目前的生活也沒有危機，所以可以先不用擔心真的有人會被爆頭的危險。

「**阿倫**，聽起來你真的很辛苦地在控制那不斷出現的念頭，你能夠再仔細想想，有沒有說甚麼樣的人比較會讓你有攻擊的念頭？像是男生，還是女生？是會盯著你看的嗎？還是覺得哪些人對你特別有敵意、有攻擊你的可能？」雖然已經被告知是強迫症，但還是要確認有沒有被害妄想，妄想往往是造成隨機攻擊路人最可能的精神疾病。

「跟甚麼樣的人一點關係都沒有，尤其當我站在階梯上，看著底下一顆顆走過的人頭，就會想去打爆他們。」

強迫症的病人往往是焦慮而膽小的

會反覆洗手洗到破皮、一直檢查門窗瓦斯，這些怕髒、怕自己沒做好的念頭背後都是擔心跟害怕，所以**強迫症**才被歸類為**焦慮性疾患**，我才會形容他們是焦慮膽子小。**阿倫**的暴力念頭對**強迫症**病人來說雖然很特別，但是還沒有到必須住院治療的急迫性，那就從頭開始吧！心理治療的第一步是**「重新建構」**。

阿倫十九歲，家裡住在南部的鄉下，高中畢業後第一次考大學沒考好，目前正在台北的補習班準備重考。除了讀書之外，他最常做的就是上健身房重訓，是沉迷肌肉到要吃高蛋白營養素的那種，比**哆啦A夢（以前叫小叮噹）**裡面的**胖虎**還要有存在感。要幫他做心理治療，面對他的暴力念頭，實在說要是膽量不夠，絕對會被他的體型嚇著。

「我很討厭爸爸，他總是滿嘴的三字經」

「我爸爸是做工的，常常喜歡罵人，不管是對爺爺奶奶，或是對媽媽都很容易生氣。一點點的小事就喜歡罵人，三字經總是掛在嘴巴上，後來媽媽受不了，在我十歲的時候就跟他離婚了！」

「離婚之後你是跟誰住呢？」

「我跟爸爸，媽媽在離婚那天就被趕走了，只是爸爸經常出外工作，並不常在家，主要是爺爺奶奶照顧我。」

「那媽媽呢？你們還會經常見面嗎？」

「沒有，媽媽搬到別的縣市住，偶爾才會回來看我。但要是給爸爸知道了，他又會大發脾氣，罵我之外，還會痛罵爺爺奶奶，弄到後來媽媽也不敢回來了。」

「你會想媽媽嗎？」

「會啊！剛開始很想，因為媽媽很溫柔，大家都喜歡她。只是有那樣一個滿嘴髒話的老公，應該沒有人受得了吧？我不會怪她，她為了我也忍耐很久，有時候她實在很委屈，會忍不住跟我說『**阿倫**，要不是因為你還小，我真的不想待在這個家。』然後很快的擦乾眼淚，再給我一個笑容，她很美。」阿倫的回憶帶著絲絲縷縷的哽咽，十來年前的那個小孩聽起來早熟、敏感、善體人意。

「他們離婚的時候你多大啊？」

「十歲，小學三年級。」他那時一定很想念媽媽，敏感的小孩嘴巴不說，心理的傷卻可以很深。

「那爺爺奶奶對你如何？」

「他們對我很好，我是獨子，又是長孫。我們在鄉下還算是大家族，爺爺也是讀書人，不知道為什麼爸爸就是跟大家都不一樣，脾氣超火爆。最令人害怕的是用三字經狂罵，連年紀已經很大的爺爺，他自己的爸爸都經常被罵。我是很少被罵，但是看到他那個呲牙裂嘴、拳頭在空中亂揮的樣子，我就是很討厭。心理面很恨怎會有這樣的爸爸，都不敢帶同學回家，怕丟臉。」

「一定要考一百分，書本的每一頁都要唸很久。」

「為甚麼呢？」

「我小學時的功課很好，幾乎都考一百分，一百分可以給我安全感，覺得自己做得很好。我沒有了媽媽，爸爸又是這樣的人，爺爺奶奶年紀也大了，以後沒人可以照顧我，所以一定要考一百分，未來才能沒有問題。」小孩就是這樣的天真，人生能一直靠著考一百分就可以過得好嗎？但是那時的他很孤獨啊！沒有兄弟姊妹，爺爺奶奶又太老，去外面不管做甚麼活動又會被爸爸罵。沒有朋友的他，大部分的時間只能跟自己對話，考一百分算是生活中最棒的事，一種巨大的存在感吧？

「後來呢？」

「進了國中以後，考試越來越難，但是只要我夠努力，還是可能會考滿分。沒有答對，我就會很努力地檢討甚麼地方沒讀熟，後來變成要確定把課本裡，每一頁所有的內容都記牢了，才能繼續翻到下頁去，所以一頁常常要唸上很久很久。」

「那到了高中呢？高中是很難考滿分的，九十分就是很好的成績了！」

「所以我每天書都讀不完啊！晚上幾乎都沒睡覺，每次考完試的心情都很不好，不知道未來要怎麼辦。」

「家裡知道你讀書遇到的問題嗎？」

「剛開始的兩年沒有，後來他們才知道，可是我那時早已經沒辦法控制自己了。我爸爸知道了還說他就是做工的，×××，我一定要念書幹嘛！他講話最讓人受不了。」

「那你何時才開始看醫生？」

「高中二年級吧？那時我覺得自己快撐不下去了，晚上都沒辦法睡覺，就自己到台北看醫師。」

所以，讓阿倫焦慮的是未來

阿倫其實不知道長大是甚麼，媽媽不在了，爺爺奶奶老了，爸爸是最討厭的人。在一個單純的鄉下地方長大，他沒有人可以觀摩跟學習，把書讀好似乎是唯一的出路。但是他太勉強自己了，設下一個越來越難達到，甚至到最後變成不可能的一個目標，把自己逼成了強迫症。

很難去想像要是沒有那位主治醫師的幫助、支持，他這三年來要怎樣的度過那些考試上的挫折，跟強迫症所帶來的痛苦。在上台北唸重考班前，他幾乎每兩個禮拜就從南部到台北來就醫，在那個還沒有高鐵的年代，坐巴士來回一趟是非常非常漫長的旅程。他需要的不只是藥物在強迫症狀、焦慮、沮喪，跟睡眠問題上的協助，更重要的是，**阿倫**需要很多在家得不到的關心與愛。

台大的醫師一個門診經常要看四十到五十個病人，精神科更費神，結束的時候真的已經是氣力放盡，還要為了他多留個半小時，就這樣無償的陪著**阿倫**度過了艱辛的三年，我只能說那需要無比的愛心。在行醫的過程中，自己也慢慢發現，要做一個好醫師，真的不能把錢看得太重，愛心沒了人的品質會變。

強迫症的心理治療需要滿滿的耐心，還有堅定不移的決心

處理強迫症的病人不是件輕鬆的事，比處理憂鬱症、人格違常都還要難、還要累。一來是因為病人既然花了無數的時間跟他們的強迫症狀奮鬥，不僅會一再的重複講那些症狀出現的時間、地點、細節，醫師還必然會聽到在這些過程中的煩惱、痛苦跟失望。更慘的是，強迫症病人的敘述方式，就跟他們的症狀一樣，往往要重複很多很多很多次。即使藥物上的小改變，他們也會一直詢問，擔心醫師處理得不夠好，害怕自己會弄錯。

你可能無法相信，在強迫症個案的心理治療中，絕對有一半以上的時間，要非常耐心地，跟他們在強迫症狀裡面「鬼打牆」。總要在他們覺得講得很夠了，得到飽飽的安慰跟支持之後，治療者才有辦法進行真

正有幫助的會談。進展很緩慢，進步則是遙遙無期，即使有經驗了，還是不知道何時可以走到治療的終點，那條路之之迴迴、濛濛瀰瀰。

其實要是藥物可以達成不錯的效果，心理治療的工作相對會比較輕鬆，問題是藥物往往只能降低焦慮，強迫症狀卻是附骨之蛆，揮之不去，而心理治療則是溺水者最後的一根浮木。幫**強迫症**患者做心理治療，治療者不知道甚麼時候才會出現治療的契機，一兩年已經算是一個合理的期待。在這麼漫長的時間，不管對個案，或是對來治療者說，過程都充滿了艱辛、懷疑，而且會持續到真的「峰迴路轉」之前。

阿倫想打爆的不是別人的頭，是自己不愉快的人生，害怕的未來，跟這個似乎沒人愛他的世界。

現在的他遠離家鄉，住在一個陌生的大都市，每天除了念書，就是把自己練得壯壯的。沒有父母、沒有朋友，孤孤獨獨的面對這個冷淡的城市，唯一依靠的只有祖父母經濟上的支持，精神科醫師專業的協助，還有莫名、說不出來是厚是薄，卻勉強夠用的自信心。當他俯臨那些熙熙攘攘、快速來去的陌生人，覺得好像每個人都過得很篤定，他心中是難過，甚至是帶著憎恨的。

或許他想打爆的是父親的髒話、媽媽的消失，以及在這個大都市中，對陌生人潮來湧去的害怕。他是在跟醫師求救，希望得到類似像父親的關愛；他也在製造醫師的危機感，可以更努力地幫他脫離這個困境。

假如你是我，一個心理治療者，覺得對於**阿倫**的過去跟現在，還有潛意識裡的恨意跟茫然都知道、都了解了，那你會做甚麼？一般人都會說：「心理治療，不就是把上面觀察跟思考後得到的答案跟**阿倫**說嗎？」不然呢？要是我跟你講，直接把答案攤開不僅沒用，還可能害了**阿倫**，你相信嗎？

那要怎樣才能真正幫得上阿倫？

不，我們不能告訴個案答案，講結論的叫諮商，不是心理治療。個案必須靠著自己去找出答案，因為答案雖然很重要，但更重要的是那個尋找出答案的過程。想想阿倫的問題已經有多久了？從看醫師開始算的三年？從國中強迫症開始的七年？還是從他父母離婚之後的十年？

這時跟他的心理治療已經半年多了，每週一次就是三十幾個小時，你們一定覺得這樣好久喔！總該是時候告訴他問題之所在，教他方法怎樣去念書，討論甚麼是面對考試的正確態度吧？問題是，自從他父母離異之後，他對媽媽的思念，對爸爸的討厭，對自己的要求，會因為我告訴他而得到解決嗎？他的強迫症會因此而離去嗎？

這幾年來他不知道自己的強迫念頭不合理嗎？還學不會再怎麼努力

都沒辦法拿一百分了嗎？囚禁他的不是理智、不是邏輯，而藥物、血清素也治不好他。

那心理治療還要怎樣走下去？要先走出情緒的糾結

「你最近還有看過媽媽嗎？」

「嗯！有一次，她現在住在台北，我有去看她。」

這個停頓有點久，他向來很會講的。

「嗯！然後呢？」

「她結婚了，剛剛生了一個小孩，走不開，所以要我去她家裡見面。」

他低下了頭，不知道在想些甚麼？又沉寂了好一會。可以看得到一種落寞，是媽媽有了另一個小孩，只要那個小嬰兒隨便一哭，媽媽一定會把目光從他臉上移開的失落嗎？是這樣才想打爆別人的頭嗎？是恨那個奪走他媽媽的嬰兒嗎？

我想問：「你會忌妒那個小孩嗎？甚至怨恨媽媽的愛都跑到弟弟的身上去嗎？」可是我沒問，直覺告訴我，那將會是一條走偏了，卻難以回頭的歧路。我試著不去說甚麼，就讓靜默多待了很久，讓他決定下一句話。

「我還記得很清楚，那時他們才剛離了婚，爸爸就急著要趕媽媽離開。在一長串的大聲咒罵中，媽媽只能匆匆忙忙的收拾了行李，只來得及跟我說一句『你要好好照顧自己』。」

「嗯！」大氣的濃度好像瞬間增加了，肩膀突然覺得一沉，他的頭還是沒抬起來。

「媽媽的行李沒有多少，很快就弄好了，我只能在旁邊默默的看著，心中對爸爸的討厭到了極點，他能不能不要再吼了啊！」這是認識他半年多以來，阿倫唯一的一次提高了音量，情緒失了控。

「嗯！然後呢？」

「媽媽請隔壁的鄰居幫忙，拉著借來的板車，上面放著三四個箱子，她就跟在旁邊，走路去坐火車了！我心裡很難過，希望她可以不要走，希望她可以回過頭看看我，希望可以跑過去抱住她、留下她。可是她被罵得只能低著頭趕快離開，我也不敢跑過去，只能默默地看著她消失在夕陽底下、在那街道的轉角處。看著在那地上慢慢消失掉的影子，我心裡想，不知道何時才可以再看到媽媽，還要忍耐爸爸到甚麼時候？在這個家中，能做的就只有照顧好自己。」

他說他沒有哭，而我的靈魂在這一霎那，好像脫離了我的軀體，跑到了我倆的上空。居高臨下看到了他那壯碩的身體裡，住著一個十歲的小男孩，忍住了自己的眼淚，試著要勇敢、堅強。下個瞬間，我的靈魂進入了他的軀體，跟著他的靈魂一起呼吸、一起悲傷、一起擔心、一起決心。就這樣過了一會兒，隨著他輕輕的吐了一口氣，一個小時的心理治療時間到了，沒有再說些甚麼，他離開了！

心理治療的結束跟開始叫做「成長」，否則再好的心意跟答案都白搭

人生其實沒有很複雜，尤其對一個十九歲、在純樸鄉下長大、埋首讀書的小孩，人生能夠有多複雜？扣掉我們身為人類的情感、情緒、欲望、無知，跟自以為是，這個世界又可以有多複雜？

告訴**阿倫**他的問題在哪並不困難，包括討厭爸爸、想念媽媽、難過媽媽有自己的小孩、想著好好念書才能照顧自己，想著考一百分才可以給自己一個好的未來。可是這些你我都可以看到的答案，一點都幫不上

那個情感跟心智停留在十歲的大個子，因為他已經活在強迫症裡太久太久。可也就是這些強迫症狀，他沒有因為失去媽媽而憂鬱，沒有因為憎惡父親而叛逆，沒有因為自己悲慘的童年而放棄自己。

強迫自己考滿分的一廂情願給了**阿倫**，當時十歲的他所能想到、所能使用的最好方法，來面對他所難以承受的情緒。他得以不會難過、冷靜地、自以為成熟地來處理，生活中因為缺乏父母關愛的孤獨與畏懼。只有在治療者的關愛、在漫漫的心理治療之後，藉著回顧了那生命中最重要的時刻，他才能體會到問題的根源，「聽」懂真正的答案。在那一刻，他成長了！不再只是停留在十歲。

因為他跨越了那些負面童年經驗，跟情緒的羈絆，他才能得以成長，才能自己領悟到一定要考一百分所帶來的問題，才能聽得進去別人實際的建議。第一階段的心理治療，所謂的心理分析，已經結束了，**阿倫**可以擺脫那個令他停滯的牽絆。接下來的心理治療，其實是下一個階段的成長，那就是「趕上人生的進度」。

阿倫考上了大學，他來門診跟我報告了好消息，之後就再也沒有遇到他，希望一切都好。

第四章　防不勝防的小李飛「痰」

「黃醫師，麻煩你也管一下你的病人好嗎？我們護士小姐每天都要被他欺負，已經撐不住了！」

那是一個還沒有敬稱**「護理師」**的時代，對於不喜歡「護士小姐」這個稱呼的護理師們，不好意思了，請多包涵我想要忠於那個時代的氛圍。

很多人都誤會說，醫學系的學生，在醫學院還沒畢業之前，就已經選定了未來執業的科別，並且把所有醫學的知識都學會了。事實並非如此，七年的醫學系生涯包括了前兩年的通識基本課程，像是國文、英文、微積分、物理，接下來的兩年則是醫學基礎課程，像是解剖、生理、病理、藥理（可惜沒有修命理，算命比心理治療的健保給付好賺多了）……。到了大五、大六，則一方面要開始學習各分科的知識（像內外婦兒科等），一方面還要在醫院見習（見習就是熟悉醫院的軟硬體、看看病人、研究案例）。要唸的書很多，氣氛也很緊張，有些科目當掉了就得多讀一年，老實說，要畢業比考大學聯考難多了。

最後一年是實習醫師，畢業後我們再根據自己的興趣，向醫院申請住院醫師的訓練（現在的制度不同了，先要做不分科的住院醫師），有些熱門的科別可是百中選一的喔！住院醫師實際上是一個訓練跟養成的過程，一方面是配合臨床病例的深入研讀，一邊則是老師的經驗傳承。住院醫師一個禮拜值個兩三天夜班是正常的，以前隔天仍得要照常上下班，很辛苦，難怪有人說所謂的住院醫師，就是「住在醫院」的醫師。

當住院醫師平常很辛苦，很多的例行性工作，單單巡視病人、寫病歷、電腦輸入檢查項目，察看檢查結果，就耗掉一大半的時間。一個禮拜還有病房會議、科部會議、主治醫師查房、讀書會，我最高紀錄是一個禮拜要開十一場的會議，每場至少兩個小時。四年的「住在醫院」，最能令住院醫師興奮跟忘掉疲倦的，莫過於能遇到一些罕見、有趣的病例。

所以當我知道被分派照顧，那個從急診推進來、頸部以下完全癱瘓的**思覺失調症**病人時，內心其實是蠻雀躍的。這樣的病人可是很難遇到的，除了藥物治療之外，應該還有很多的心理創傷需要處理吧？

他姓李，二十八歲，就叫他**小李**吧！生病十年了，最近這一年都沒好好吃藥，半夜會大吼大叫，讓看護跟鄰居都抓狂，只好被送進**精神科**的急性病房，也就是要被「關起來」的那種。為了讓各位更能身歷其境，也可以滿足一下大家的好奇心，就先為大家揭開精神科病房的神秘面紗吧！

先讓你知道精神科急性病房長怎樣

急性病房是封閉式的，翻成白話文就是**大門深鎖、門禁森嚴，除非必要的檢查或醫師的特許，病人不得自由進出**。電影中的情景都是陰森、冰冷，如同監獄一般；窄窄的走道旁，是一間間緊閉著的單身房，鐵門上開了個小小四方型的窗戶。螢幕裡的病人看起來要嘛不是很奇怪、很恐怖，不然就是很激動，三不五時就被穿上束縛衣，綁在床上掙扎、尖叫。每天病房裡不斷會上演著追逐、扭打、虐待。

事實不是這樣的，那種被誤當成精神病人，或者被陰謀陷害關起來的情形，很難很難發生在進步的民主社會裡，電影跟電視往往太誇張，也太扭曲了。當病房平靜的時候，你甚至完全感受不到半點瘋狂的氣息，病人自由活動在比一般病房還大的空間裡。當然啦！把混亂、有攻擊性的病人抓起來、固定在病床上、打鎮定針劑、送進保護室，這是不可諱言的日常，但是我們都儘量靠溫柔的團隊合作。

精神科在台灣的醫院中往往還不夠被重視，很不幸的是，迄今依然有不少其他科的醫師會歧視精神科病人，覺得他們是異樣的、危險的，會嚇到其他「正常」的病人。以前，在那個還叫「護士小姐」的年代，就會把**精神科**擺到偏遠角落的破舊建築，本來就不好的採光跟通風，窗戶又都罩著防護用的厚重鐵絲網，昏昏暗暗的，空氣中的味道往往也不是很好。

後來，情況「終於」有了很大的進步，很多病房都是新建的，即使是舊病房也會大翻修。單從外觀上來看，**精神科**急性病房跟一般的病房相比，已經不會有甚麼差別，也有越來越多的病患能自願地住院治療。只是病人偶發的混亂、暴力依然無法避免，但其實衝突之下，受傷的往往是工作人員，而不是被約束的病人。有個護理長曾經就被女病患死揪住頭髮不放，被抓的地方從此再也長不出頭髮來，頭頂禿了一塊，也有過主治醫師被病人拿著點滴架追打。

最後一次值班，我竟然被病人「定孤支」

一直以來我都很幸運，從沒有被攻擊過，原因或許就像有個病人曾經跟我說過的，「你看起來很欠揍，但是你很壯」。所以我都是在看戲的時候比較多，有時候剛好在附近，就會出手幫忙拉一拉、抓一抓，再溫柔地把人綁一綁。又哪能料到，住院醫師生涯唯一的暴力事件，也最驚心動魄的，竟發生在最後一次的值班。這應驗了著名的**莫非定律**，最倒楣的事，往往發生在最不預期、最不希望它發生的時刻。

那是一個禮拜天的中午，外面是陽光晃晃的春天，病人剛吃完飯，三三倆倆的來護理站拿藥，病房就像熨斗剛輕輕地滑過。心想一切狀況都在控制之中，等一下下就可以交班回家了，聽說最後一次值班不是大好就是大壞，心想真好，我就是那閒閒無事，等著安全下莊的幸運兒。

這一個禮拜病房是出奇的西線無戰事，我連維安的值班人員也都讓他出去吃飯，只剩下我跟兩位護理人員留守，有甚麼事會發生嘛？我應該勤勞點，跟學弟去看急診的。

這時一個男病人來護理站前拿藥吃，卻不知怎地跟護士小姐就吵了起來，瞬間變得超激動。才說沒兩句話，他突然死力地想把門拉開，把護士小姐都嚇住了！眼看情況不太對，我趕快讓她們躲到裡面的辦公室，想說以體型來看，病人沒有我高，也沒我壯（好啦！其實我是胖），真要動起手來，還有幾分把握。更何況，護理站除了一扇門之外，櫃檯上還都架著一整片的防護玻璃，只露出小小給藥的空間。

這一次是真正踢到鐵板了，我一邊目送護士小姐安全地躲進辦公室，一邊叫她們趕快打電話求助。眼看著她們慌慌張張地把門關上，再回過頭時，這一位病人已經俐落地，踏著及腰的櫃台，從那離地幾乎要三公尺高的玻璃板上方越了過來。Oh! My God，病房從來不曾發生過這種事，玻璃是很堅固，但寬度也頂多一兩公分啊！怎麼能翻越呢？而且就在剎那間。

不可能！電影裡面都沒這麼誇張，一般人再怎麼努力、再怎麼用力的爬，應該也過不來才對。更何況誰會去爬一面光滑的玻璃啊？不怕破掉嗎？蜘蛛人？蝙蝠俠？Anyway，下一刻他就站在我面前半公尺的地方，雄赳赳、氣噗噗，臉上還帶著一抹得意。護理站其實不大，扣掉桌椅櫃子後，大概也只能擺下一張半的雙人床。他就站在正中央，我連退一步或左右閃躲的空間都沒有，更不要說跑給他追，驚呆了！

他比我矮了一點點，二十出頭，圓睜睜的雙眼直直地盯著我，而嚇傻了的我，全身僵硬、一動不動的楞在那裡。怎麼辦？真的完全反應不過來！我不曾見過他（因為我當時是負責行政工作的總醫師，平常不待在病房），交班時也沒聽說哪位病人危險性較高，只說病房沒甚麼特別要注意的事，真該死。

下一微秒，他雙手用力地推向我的胸部，直覺地想伸手去抵擋。但實在太快了，連手指都還沒開動，人已經躺在了地上，裝滿藥品的推車也被我撞翻了過去，五顏六色、大大小小的藥丸灑滿地。

當視線才離開那些滿地的藥丸，猛然發覺到他竟已經跨坐在我的身上，左手揪住我的衣襟，右手缽碗大的拳頭就高高舉在我的眼前，那還不到三十公分高的空中。在那個時候我才體會到他到底有多強壯，是特戰隊員嗎？小臂比我的上臂還粗、還壯，一大坨的肌肉不只是結實，而是像硬梆梆的岩石，指節稜稜角角清晰可見。

當精神科醫師以來，不，是有生以來，第一次知道甚麼叫作「很害怕」

第一個念頭是「這下完蛋了」，這一拳要是打下來，臉不但會掛彩，搞不好還會破相。雖然精神科醫師絕對不是靠臉蛋吃飯，比較要緊的也只有嘴巴跟舌頭，但那永遠栩栩如生的一幕，超驚恐。

不知為了什麼，他竟然停住不動，就像電影的停格，拳頭懸在空中，連晃動一丁點都沒有。我素來就有臨危不亂的本事，大學時有一次做化學實驗，突然隔壁桌的同學打翻了酒精燈，當下整個桌面就燒了起來，我是那個最鎮定，一個箭步就去拿滅火器的人（只是火一下子就被用濕布撲熄，沒機會讓我做個打火英雄，可惜）。

幾秒鐘就夠我好好想該怎麼做了，其實我是有機會反擊的，用手去擋會來不及，他的拳頭應該會加速的落下。我可以一拳打在他的肚子上，同時扭身逃開，或許還有機會逃過一劫。但是真的逃得走嗎？會不會更惹惱了他？但至少也可以買點時間，讓警衛趕過來救我。但他是病人啊！我怎麼可以揮拳攻擊一個病人呢？

雖然我必須防衛自己，也有超充分的理由這麼做，而攻擊在這時候或許是最好的防衛；但我決定躺在那，冷靜地看著他、看著他的眼睛。

不知道他在我的臉上看到了甚麼，或者是訝異於我的安分、沒有做任何防衛或攻擊的試圖，那一拳竟然停住了。趁著他發愣的一會兒，我趕快擺脫壓制站了起來，一返身就到了辦公室門口，伸手想轉開門把、逃進去。

天啊！護士小姐竟然把門鎖住了！我大喊：「快開門啊！」

「該死」心裡咒罵了一聲，門竟然給鎖住了，我死命地敲，卻一點動靜都沒有，竟然沒有人理我!?怎麼可以這樣對待自己的同事？我可是勇敢的挺身而出，讓她們先逃跑的啊！好人怎麼沒好報呢？

Anyway，我只好先轉過身來面對著他，不然怎麼辦，總是不能背對著威脅吧！可惡的**莫非定律**，事情又是在最不可能，也最不願它出現的時候發生，真是倒楣，一定要選在最後一次的值班嗎？

返身的同時我也舉起了雙手，做好了自我防衛的打算，「真該死」，心裡又咒罵了一聲。奇蹟再度出現，他雖然也把雙手舉起備戰，但是好像已經平靜多了，眼睛也不再充滿敵意，真是老天保佑。

「是我，快開門啊！」我趕快叫裡面的護士小姐開門，謝天謝地，這一次她們終於把門打開讓我進去。終於順利脫困了！接下來發生了甚麼事？老實說，記憶已然一片模糊，只知道自己有點虛脫，但沒發抖吧？警衛趕了過來，值班的學弟也call來了，就交給他們處理吧！最難的、最危險的，都過去了。

值班時間一到我就離開了，沒有再去關心後續的狀況，沒有跟護士小姐秋後算帳，也沒有去收驚（這麼「大」人的精神科醫師跑去行天宮收驚應該會蠻好笑的吧？也會是精神醫學界的千古「美」談）。後來負責照顧那位年輕人的住院醫師跟我說，那位病人真的是剛從海軍陸戰隊退伍的，壯到不行，體能又超好。而我除了一點背痛外，竟可以全身而退，真好，我是那驚險萬分，但仍安全下莊的幸運兒。

病人四肢都不能動，是怎樣能夠欺負護士小姐啊？

您也許會好奇，怎麼說了半天還沒談到小李，不是在寫他的故事嗎？他不是從頸部以下完全癱瘓了嗎？跟這個海軍陸戰隊有甚麼關係？這樣的病人不應該是最沒有攻擊性、最好照顧的了？老實說，一開始我也這麼認為，但是後來菜鳥住院醫師學到了寶貴的一課，終身受用的一課。

小李在我面前都很乖，前三個禮拜他就是不跟我說話而已，應該是受病情影響才對，很多**思覺失調症**的病人剛入院也都是這樣的，小李並沒有特別奇怪喔！慢慢的熟了，病情進步了，互動也就會好了，但是事情偏偏就不是這麼簡單，就像**莫非定律**講的。

第一個問題是，雖然他白天都不講話，一到了半夜就抓狂式的神鬼吼叫，吵到同病室的病人都受不了，一直跟護士小姐抱怨。不知道為什麼，他的抗藥性極強，或許跟半夜症狀特別嚴重有關，藥物怎樣都沒有效果，只得清出一個不常使用的治療室給他，這個剛好能解決。

第二個問題是，家人搞失蹤不見蹤跡，沒有辦法請看護，翻身、餵食、洗澡，甚至換尿布都要護士小姐幫忙。負責照顧的護士小姐跟我一樣是菜鳥，擁有滿血的愛心，幾乎變成**小李**的專屬看護，絕大多數上班時間都在處理他的事。

最嚴重的是，雖然不跟我講話，**小李**卻會一直用三字經、五字經，連珠不斷的罵護士小姐，還會對她們「吐」痰。髒話還可以戴耳塞，但是當你貼身照顧病人，那迎面而來、又黃又髒的痰怎麼躲得過啊？一口濃痰吐到身上、臉上，那真的是「是可忍孰不可忍」，再好的修養、再多的愛心也無法忍受。

看過**金庸**的《**神鵰俠侶**》嗎？裡面有一個絕情谷的女谷主**裘千尺**，

因為被先生陷害，手筋腳筋被挑斷，陷在深谷裡十四年，練就口噴棗核的攻擊招式。人的適應力真是不容小覷，小李不知何時也練就了吐痰的招式，而且是吐得既準又遠，要不是有一次我親眼目睹小李的能耐，我還真的不敢相信。因為已經預知小李的招式，我好險逃過了一劫，不然總覺得護士小姐會不會講得太誇張了！兩個多禮拜下來，小姐當然再也受不了。

可是小李整天躺在那，甚麼都不能做，真的很可憐

小李不到二十歲就得了精神分裂症，到現在也超過十年了，每一次都是病情很嚴重的時候才被送去急性病房，但是出院後他就不肯吃藥，家人也拿他沒轍。但要是不吃藥，沒有例外的，幻聽跟被害妄想就會越變越糟，幾個月、一年後呢，又得被送去「關起來」。就這樣反反覆覆地，**小李**總共住了七次的醫院，每次都得住上一兩個月，人生中多少青春歲月就這樣病著、關著度過。

這中間他也曾經嘗試自殺多次，但是都沒真的出甚麼事，直到一年前，**小李**出院後沒多久，從很高的橋上跳到排水溝裡。命大，沒死，但是從頸部以下完全癱瘓，當然他又住了很久的醫院，只是這一次終於不再是精神科病房。老樣子，出了院還是不肯吃精神科的藥（別科的藥倒是會吃，病人對於辨識藥物可精的），情緒變得越來越激動，就被救護車帶來急診，然後家人就不見了！

老實說，當我第一次看到**小李**的時候很訝異，因為他看起來很慘、很老。雖然只有二十八歲，小平頭上已經可以看到不少的白頭髮，瘦削的國字臉上有好多的皺紋，臉皮鬆弛又坑坑洞洞。最慘的是當嘴巴張開的時候，只剩下零零落落、既黑又黃的六七顆牙齒，看起來簡直有五十多歲。

很慘，對不對？一個二十八歲的年輕人，應該活力超旺盛的時候，卻只能癱瘓在床、又臭又老、被親人遺棄。如此淒涼，任誰都很難不動惻隱之心，覺得應該要對他好一點，可是對護士小姐，或者該說，對任何得去照顧他，還要被破口大罵、被吐一口口臭痰的人來說，真的太難。

被護理長下最後通牒的菜鳥醫師，在這個時候也只能用盡了門外漢的熱情，外加很有限的渾身解數，想辦法跟病人「溝通」。甚麼「內心有愛，溝通無礙」？病人非但沒有流下感動的眼淚，連最簡單的眼神交流、連哼的一聲都不想給。只要醫師一接近他，小李整個臉就偏向一旁，眼睛望著遠方，臉上則是一副不屑外加討厭的神情。

歷經更加頻頻的問候、溫柔、笑臉，但小李那令人討厭的傲慢表情一點都不曾改變，每次都踢鐵板，菜鳥開始「ㄅㄨˋㄙㄨㄈㄨˊ」，開始「見笑轉生氣」。每天想到都要拿自己的熱臉去貼人家那包著紙尿布的冷屁股，菜鳥醫師每天上班的心情都變得很鬱卒，一個禮拜後，不要說那一條從護理站到**小李**病床前的路舉步維艱，連上班都已經是畏途，「幹嘛一開始就給我這麼難的 case 啊！」

住院醫師的第一年就要同時負責照顧八個病人，其實往往手忙腳亂。尤其精神科醫師要做的比別科多很多，不單單需要花很多的時間跟力氣去和病人會談，還要跟家人了解整個狀況。最慘的不是故事很長、病人往往腦子也很混亂，而是病人常常都會隱瞞病情，父母怎樣都覺得自己的小孩不是精神病，說的總是「為什麼小孩會生病？」

要不是被威逼著，菜鳥醫師也不會長進

其實遇到這種情況，住院醫師，尤其是稚嫩的菜鳥就會開始逃避，儘量不去看病人。反正上面還有一個資深的病房總醫師罩著，更上面還有一個主治醫師呢！Anyway，病人不會趴趴Go，既沒有辦法傷害別人，好像也不會咬舌自盡（那可是很難，也很不容易死的方法），不說話就不說話，不理我就算了。不肯吃藥的話，可以用長效針注射，只要肯乖乖吃飯就沒甚麼關係，而這一點呢小李倒是很配合。

在這裡必須跟在精神科病房工作的護士小姐致上最高的敬意，遇到像這種被家屬「丟進來」，情況又很糟的病人超辛苦。有些可能好幾個禮拜都沒有洗過澡，單單洗掉那厚厚的一層汙垢，護士小姐必須要忍受很難聞的味道，往往兩個人合力還得要弄上大半個鐘頭。連洗澡穿衣服都不會，三餐要一口一口的餵食，還要每兩個小時翻一次身，需要的愛心跟耐性不是一般人所能夠想像，可以拜託多給點了解與鼓勵，而不是歧視，跟隨意的扭曲嗎？

拍影片的覺得精神疾病這個世界很特別，病人跟家屬有很多內心戲，那是他們一廂情願的想像。讓他們照顧**小李**看看，不要說一個禮拜了，只要一班八個小時，餵個兩餐看看，他們就會知道劃錯重點。藥物沒有副作用、一天不要吃太多顆、可以正常的思考、好好的過生活，回歸社會去工作跟交友，平凡就已經很有福份了。

打短效的針讓他鎮定下來一段時間呢？這對於四肢癱瘓的病人來說會有顧慮，萬一打太多，會造成吞嚥上的困難，容易噎到，變成肺炎可是會死人的。而且小李還很能撐，往往打針也只能維持兩三個鐘頭而已，總不能一直打針吧？整個團隊的士氣與信任都已經面臨了很大的挑戰，該求救了！

第一天進病房上班的時候，病房總醫師（第三年的資深住院醫師）就跟菜鳥醫師們做簡介（orientation），那時他半開玩笑的說：「我是你們的救命小天使，可是這三個月裡你們只有三次求救的機會喔！」為了面子問題（咳！人常常都是被面子害死的，一點都不值），我一次都沒用過，看來這下不求救也不行了！其實不用我開口，總醫師已經接獲密報，早就了然於胸，只是看我能《ㄧㄥ到何時罷了。

「嗯，情況蠻棘手的，你確實已經做了很多的努力，要不要告訴我你現在有甚麼想法跟打算？」

老實說，就是因為已經束手無策，想不出甚麼招數才來求救的嘛！只能支支吾吾一番，也不知道自己到底在猶豫些甚麼。

「首先當然是趕快幫小李請一位看護，假如一時找不到家屬，讓社工師想辦法去找到社會福利的補助，務必在最短的時間解決照護問題，長期依靠護理人力做這麼多事是不對的。」

嗯！謹受教，回頭馬上做，除了依賴團隊合作外，也要努力找出可行的解決方法讓別人來執行。只是奇怪啊！這種事情護理長不知道、不會嗎？其實住院醫師不只是「住在醫院」而已，有些時候也要逆來順受，反正一切唯你是問。

「得要讓護理人員清楚的知道，困難會在最短的時間內獲得解決，讓她們有一個合理的期待，最好是在一周之內，並要好好感謝她們的辛苦喔！」

是，我不可以只是含糊帶過，寄望別人多多忍耐而已，待人處事真是該多學學啊！

「最後呢！這不是一件容易的事，你去跟病人好好的講一件事，並且要確實做到，那就是……」

你們猜得出要怎麼做嗎？欲知後事如何，請看下回分解，開玩笑的

首先你要跟他說：「我是負責照顧你的醫師，我很想知道你的狀況，這樣我才能好好的照顧你。雖然我不知道為什麼你不願意跟我說話，但是沒關係，從今天開始，我每天早晚會來看你一次。即使你不願意跟我說話也沒關係，我都會留下來陪你十五分鐘，等到你想開口的時候再跟我說好了，那就從現在開始囉！」

Oh, my God！甚麼招啊！這不就是鐵杵磨成繡花針，滴水穿石的苦功夫嗎？雖然隨著我經驗的增長，慢慢了解到這是精神科醫師一個很重要的技巧與武器，也常常需要使用，但是當下卻沒有那麼大的把握和信心。好吧！至少知道每天可以對小李做甚麼（早晚問安，一天在他病床邊待滿十五分鐘），也不會讓別人怨嘆我的無能與逃避，衷心期盼這個計畫「真的」會成功。

那十五分鐘想也知道絕對不好挨，而且還得一天兩次！更何況已經有點「見笑轉生氣」了。但是，我真的一字不漏的跟小李講了那段話，猜猜他的反應是甚麼？他竟然很感動的開口了耶！

咳！騙你們的啦！天下哪有這麼好的事，沒有一口痰迎面而來已經是阿彌陀佛的了。**小李**依然故我，面無表情的望向遠方，他心裡大概在想「誰理你啊！愛站就去站吧！」

是的，話講完後我就真的足足在床邊站了十五分鐘，那十五分鐘除了眼睛一直看著他之外，我一句話都沒有說，而**小李**也沒有任何表情或回應。你沒聽錯，我是用站的，要不要試試看甚麼都不做的站十五分鐘啊！尤其是在每天忙碌的工作節奏裡。

大概不到一分鐘，菜鳥醫師就開始不耐煩了，腳也開始酸。過沒幾分鐘吧？開始有很強烈的慾望要去看手錶，看看還剩多久，希望酷刑可以快點結束。但是絕對不能看，看了就前功盡棄，因為這樣做會喪失了感動人最重要的因素：**誠意**。

十五分鐘怎麼會這麼長啊？時間可不可以過得快一點啊？到最後不禁自問：「黃某某，你倒底在做甚麼啊？做醫師要這麼委屈、這麼辛苦嗎？」

其實是不用**罰站**的，我當然可以拉張椅子坐在那裡，雖然那樣會比較難逃開小李飛「痰」，但這不是原因。既然有心要作一件感動別人的事，那就徹底一點吧（算是苦肉計）！雖然這種傻事一輩子從沒做過（其實有啦！追女朋友的時候是甚麼傻事都嘛會做），也不確知會不會有效，就賭人性一把吧！就相信這樣的付出終可打開小李封閉、怨恨的心扉。

「小李，十五分鐘到了，我明天早上再來看你囉！」酷刑結束，趕緊逃之夭夭。

第二天早上的運氣並沒有比較好

「小李，早啊！昨天睡得好嗎？今天天氣不錯唷！」這幾句話可是預先想好的，連迷人的語調也都是在心裡演練過的。

臉還是臭的，不說話、不回應，一個樣。

「就像昨天我跟你說的那樣，雖然你現在不想跟我講話，沒關係，我會陪你十五分鐘，要是你想說甚麼，我就在這裡。」

「……」十五分鐘的緘默，十五分鐘的罰站，甚麼進展都沒有，甚至比昨天還難熬，××〇××△□。

「小李，十五分鐘到了，得要去看門診囉！下午再來看你喔。」

直覺告訴我，在這個時候千萬不能多講話，像是加一句「很遺憾這一次你還是不想跟我講話，沒有關係」，或是「希望下午我們可以開始聊聊」，這樣只會讓人覺得你在施壓，在急著打開僵局。那些可以想到的好話、可以說服人的道理在老早前就講光了，言語是ㄨㄙㄢㄒㄧㄠˇㄌㄨˋㄩㄥˋ的。

下午五點半，病房的事情忙得差不多了，該得去陪**小李**了！

「**小李**啊！我又來了，今天過得好嗎？有沒有好好吃東西啊？」

「……」

「不想講話沒關係，我還是會待在這裡十五分鐘喔！」

這一次除了甚麼都不做、內心哀怨的站著、煎熬著不要去看手錶、希望時間如飛梭一般的消逝之外，我開始想我還能做甚麼？想想今天晚上去哪家餐廳吃飯好了，林森北路六條通新開張的那家日本燒烤店口碑好像不錯，去過的同事都說讚。

當然不是，開開玩笑嘛！我是在想還能怎樣表達我的誠意，還可以多做些甚麼？那就唱歌好了！我的歌聲還不錯，可以彩衣娛病人，別鬧了！就這樣過了一個禮拜。

那一個下午，不知怎麼搞的，想著想著我的靈魂好像出了竅，跑到空中去俯視著這個可憐的病人和那個無辜的菜鳥醫師

這是一個面西的房間，原本是做為治療室的，**小李**現在聽說偶爾會自言自語、ㄏㄣㄏㄣㄏㄞㄏㄞ，但除了罵三字經外，沒人聽得懂他在說些甚麼。應該很寂寞吧！雖然護士小姐會三不五時去照顧他，但絕大部分的時間他還是要癱在一個空曠無人的病房，沒有電視，沒有音樂。住院一個多月了，他的家人都還沒出現，心情應該很差才對吧！會擔心被家人遺棄嗎？

在那一個霎那，我出竅的靈魂所看到的**小李**不再是菜鳥醫師眼中難纏的「病患」，而是一個歷盡許多滄桑苦難、有血有肉的「凡人」；我出竅靈魂所想的也不再是菜鳥醫師所企盼的工作順利、儘早逃離苦海，而是真誠的體會與關心。

病床旁邊有一個長方形的窗戶，望出去剛好可以看到西斜的太陽，它就掛在新公園（現在叫做二二八公園）的樹梢上。外面很美，我很喜歡那個角度的新公園，尤其是黃昏。

有沒有看過赫曼・赫賽（諾貝爾文學獎得主，德國人）的散文集《輕微的喜悅》，那是當時我正在看的一本書，從那裡面我學會怎樣從周遭不完美的事物中去發現美麗的一隅，並享受到所謂的「輕微的喜悅」。

從窗戶望出去，會先看到那已有百年歷史台大醫院舊址的大門，古典巴洛克式的建築在黃昏開始變暗的光線中出奇的鮮明，蘊含在百年古蹟中的生命好像甦醒了過來。大門前是一排又高又挺的椰子樹，稍遠處就是二二八紀念公園，公園圍牆上漂浮著各式各樣、高高低低、黃黃綠綠的樹葉。更遠則是衡陽路那些老建築屋頂所構成的天空線，映著澄黃的夕陽真的很美。

雖然才剛進入八月，但是黃昏的光線，在透過了罩著一層鐵絲網的玻璃後，卻給人一種好像已經是深秋的錯覺。那一方湧進來的陽光，讓人在冰冷的病房空調裡感覺很溫暖，但也帶著某種不安的淒涼。

光線的尾巴從床尾慢慢地滑過了**小李**無法動彈的身軀，最後停留在半張的臉龐上，昏黃映著**小李**參差不齊、白色的鬍子，讓不該屬於他的蒼老更加深刻，讓人生的無奈也更加鮮明。那一刻，出竅的靈魂跟我的肉體又合而為一，時間不再難熬，因為菜鳥長大了，菜鳥可以真真切切感受到別人內心的苦，可以實實在在體會到人生的難。

試著用心靈把這些感受傳達給**小李**，緩緩的、暖暖的，就像那陽光一般。**小李**臉上的線條好像變得柔和了些，他已經感受到我無聲的訊息了嗎？還是也在欣賞窗外的美景呢？

除了略為刺眼的光線、病床前的我，跟前方的牆壁外，他應該甚麼都看不到吧？我沒有說話，也沒有期盼**小李**說些甚麼，我們只是共享了一個美好的黃昏，在相同的心跳頻率裡（不要問我怎麼知道，我就是知道，那是一種很特別的感覺，在每一次突破心理治療的瓶頸時，它就會出現）。很自然的看了一下手錶，喔！早就超過十五分鐘了，這十五分鐘過的好快喔！一點都不難。

「**小李**，再見了，你該吃飯了，而我也要下班了，明天再來看你。」

走出病房的時候，我的心好像被某種神祕的力量槌得緊緊實實的，很暖和，那一整個晚上都是。菜鳥醫師學到了寶貴的一課，那也是我人生旅途上重要的一課，我想我是喜歡做「ㄒㄧㄠˋ醫生」的（肖，瘋的意思）！

隔天早上我第一件事就是去看**小李**，這一次我拉了把椅子到他的床邊，輕鬆的坐了下來。

「早，昨天晚上有沒有好好睡啊？你白天不要睡太多，晚上才睡得著喔！」

「……」

還是沒講話，不然ㄋㄟ？期望這個世界一夜之間會有很大的改變嗎？

但是，**小李**的表情好像柔和了不少，也偶爾會和我眼神交會，有進步？隨著經驗的累積，我後來學到一件事，在治療過程中突然而來的奇蹟往往都沒有辦法持續，漸進式的改變才會穩健往前。

太多的人總認為心理治療就像禪宗所說的「頓悟」一樣，只要找到關鍵的字句，人生就會瞬間豁然開朗；或者期待有催眠治療、前世今生療法，可以不費力，很快地解決問題。很抱歉，我必須說，那些「幾乎」都是不可能的，人之所以陷入困境有太多的因素，要擺脫困境除了依賴很多的機緣巧合，更要不斷的努力。

接下來是很順利的一個禮拜，我們請到了一個很有愛心的男看護，他一點都不害怕精神科的病人，也很會跟**小李**哈啦（不管小李講不講話），就像是一個胖胖的大哥哥。家人也出現了，雖然這讓**小李**在接下來的幾天情緒很不穩定，但是再過來就好多了。又經過了一個禮拜的晨昏定省，**小李**終於開口跟我講話了，臉上掛著害羞的淺淺微笑。

「**小李**啊！今天早上看來心情不錯喔！昨天睡得好嗎？」

「嗯！」他點點頭

「知道我是誰嗎？」

「黃醫師。」

「是的，我是負責照顧你的黃醫師，有哪裡不舒服嗎？」聽到他開口講話，又知道我是誰，心裡其實有一些些的激動和感動。

「菜太鹹了。」

「好，讓我幫你反應一下。」

小李只能用很簡單的句子，也只能表達很簡單的意思，我想他的腦子應該也因為那次受傷而受到影響才對。是更大的不幸嗎？也不盡然，這或許是老天爺對他的慈悲，經過了那麼多的苦難，至少讓他心裡的苦少一些，日子才會好過一些。當一個人四肢癱瘓了，要是腦子還是很正常、很活躍，那才是真的度日如年，真的苦。

小李剛住院時還是有思覺失調的症狀，他的自言自語，他對人莫名的攻擊可能都是因為病情的關係，藥物對他是有幫忙的。但是他的行為確實也參雜了很多的憤怒與難過（對家人的消失以及對自己的命運），換做任何一個人可能也會不想講話，也會藉著為難別人來發洩自己的抑鬱。

小李足足住了三個多月才出院，我把治療變成一個月打一次長效針，至少讓**小李**不用每天看到他討厭的藥丸。我也不去跟他討論**思覺失調症**的症狀，這些靠觀察就夠了，幹嘛去勾起**小李**一些不愉快的回憶。我只是專心把他的身體照顧好，跟他的看護以及護士小姐一起討論怎樣推他出來跟別人講話，怎樣讓他每天的笑容可以多一些。

離別的日子到了

就這樣平平順順地讓**小李**出院嗎？小天使又跑出來提醒菜鳥，還有一個功課要做，對這一個特別的病人。

「你不覺得**小李**出院後會想你嗎？」

「不會吧？我又不是美女。」

其實我是開玩笑的，菜雖菜，領悟力可是還不賴。**小李**出院後要到一個私人的安養機構去，不再會有專屬的私人看護，他能適應嗎？會不會因為在這邊他得到很多的關心與照護，出院後卻有很大的落差而心情沮喪呢？經過了一些討論，我們在最後的幾天，一起跟小李準備好，那分離可能出現的不捨、擔心、憂鬱（我們稱為處理**「分離焦慮」**（separation anxiety）），這又是菜鳥另一個重要的學習。

「**小李**，今天要出院了，出院後要乖喔！」

他沒有說話，只是回了一個靦腆的、害羞的笑容，嘴開得大大的，牙齒零零落落的，很可愛。

我自己應該還沒有準備好這個分離吧？心裡有點不捨，眼睛有點酸，對正要被推進電梯的**小李**揮了揮手，裝得酷酷的。我在自己的心裡說：

「小李，再見了，要過得好好的喲！不要再住院了。」

七年後，當我受完住院醫師訓練，從台大醫院到宜蘭當主治醫師，然後又回到了台北某家醫院，竟然有一天在門診看到了**小李**的爸爸。真的很訝異，他說要讓**小李**住院，心想是不是**小李**又出事了，還好，只是因為要換到另一個看護機構，想要住幾天院，檢查一下身體的狀況，順便讓我評估一下。

小李應該運氣不錯，被照顧得滿好的，乾乾淨淨，還蠻福相呢！還是一樣可愛的笑容，只是多了很多白頭髮，老了些。我也老了些不是嗎？這一次他很快就出院了，還會再碰到他嗎？我不知道，看老天爺的安排囉！

第五章　半夜的腳步聲

「好幾個月都完全睡不著，醫生，我快死了。」像這樣悲慘的求救聲，三不五時就會在精神科的門診裡響起。老實說，大家聽在耳裡的反應一定是：「怎麼能有人可以，幾個月都『完全』沒有睡，那豈不發瘋了！」根據臨床的一些研究，是不會發瘋啦！但長期的睡眠剝奪會造成焦慮、噁心、煩躁易怒，甚至出現幻覺，生活跟工作都會陷入失能的狀況。

在急性的嚴重精神病狀態時，像是**躁症**跟**思覺失調症**，病人能夠長達幾個月，持續清醒著，一直都不用睡覺。這似乎非常的匪夷所思，要不是在病房中親眼目睹，我也不敢相信。不過啊！**躁症**跟**思覺失調症**的病人都處在躁亂中，是不會抱怨睡不著的。其他的一般病患說好幾個月沒睡，那是太誇張了，他們的意思是晚上睡不著，不代表白天沒睡覺啊！

這次的情況有點特別，二十歲不到的年輕男性**阿立**，頂著酷酷的小平頭，穿著很潮的T恤、七分褲，手上布滿了刺青，他也說好幾個月都睡不著了。**阿立**削瘦的臉看起來死白死白，走起路有點搖晃，雙眼失神，眼白也布滿血絲，確實像都沒在睡覺的樣子。以青少年的男性族群來說，除非是病情嚴重被家人帶來，幾乎是不會自己來求診的，尤其像這樣酷酷型的男生。

這個小伙子的言談還很正常，除了因為沒睡覺造成的些許焦躁跟不安之外，看起來不像是精神科病人。不管如何，首先還是得確實地排除嚴重精神疾病；接下來則是要考慮，有沒有違禁藥品的使用，如**安非他**

命、**搖頭丸**。詳細問下來這些診斷都沒有，也不是**憂鬱症**，就只是「單純的**睡眠障礙**」？老實說，在我的經驗，或個人的想法裡，單純的睡眠障礙在年輕人很少，尤其男性；嚴重到這樣，沒看過。

「醫生，我真的晚上都睡不著，要翻來翻去直到天快亮了，才能稍稍闔個眼，然後就又突然驚醒。之前也看過幾家醫院，他們給我的安眠藥都沒效，可不可以住院啊？」也罷，就讓他住幾天院，先做個詳細的檢查吧！

平靜的冷冽感

看病有時是靠一種直覺，直覺跟經驗有關，而經驗則來自平常觀察病人的仔細程度。對**阿立**來說，我很難去解釋，為什麼腦裡會湧現那種難以言喻、不一樣的fu。這個病人給我的感覺很特殊，不只是酷，而是

「**冰冷**」。即使天塌地裂，臉上應該不會有甚麼表情，眼皮也都不會動一下，就像韓國電影裡那些酷斃了的男明星，你們知道我的意思吧!?

「昨天晚上睡得好嗎？幾點睡的？睡前的藥有用嗎？」第二天一大早我去病房探視**阿立**。

「一點效都沒有，直到早上六點才迷迷糊糊的睡了一下，很累。」

「完全都沒有睡意嗎？一直都很有精神？還是明明就很想睡卻怎樣都睡不著？」

「半夜兩點左右的時候，有一陣子真的很想睡，整個人模模糊糊，但是突然聽到一陣腳步聲，就再也睡不著了。」腳步聲？應該是其他的病人半夜走來走去吧？**阿立**住的只是一般病房，這種事情很難避免。一開始我的安眠藥也沒有開得很重，住院的好處就是可以視情況及時調整藥物。

「**阿立**，我可以再調整一下藥物，看看會不會有幫忙，可以跟你的家人聊一聊你平時的狀況嗎？」像這種年輕男性，往往都不太願意講自己的情形，答案一般都很簡短，問家人或許可以多得到一些訊息。

「醫師，爸媽在我很小的時候就離婚了，爸爸平常都在台北工作，把我交給爺爺奶奶照顧，他們年紀都大了，可以先不要嗎？」可以啊！不急。

真正令我奇怪的是**阿立**很配合病房的規定，不菸不酒，晚上也乖乖待著，都沒有亂跑，講話也很有禮貌。有些時候我們會用**「身處亂流」**（英文 turmoil, chaos）來形容青少年的精神疾病，或糟糕的心理狀態，但只有**「平靜的冷冽」**最適合來形容他，一個幾乎整天都待在病房裡的小男生。

老實說，我不認為這是用藥可以解決的問題

「醫師，我昨天還是一樣睡得很少，一直到天快亮才有睡一下。」

「那有進步嗎？」

「有啊！至少可以睡到三個小時才醒過來。」

經過幾天的藥物調整，**阿立**睡前的藥已經蠻重的，但他還是很難入睡。還有多少調藥的空間呢？那調了藥之後，他要吃多久呢？幾年，還是幾十年？行醫的過程中，我慢慢地體會出，「加藥」是最容易的，要讓病人「不吃藥」才是最困難的。而一個醫師要是只習慣於「調藥」跟「加藥」，那病人吃一輩子的藥也是理所當然，尤其是有依賴性的安眠藥。

不知道該怎麼說，台灣的精神科醫師長期以來就有兩大派，一派是以開藥為主。曾經聽聞有位醫師，最高紀錄一天看超過350個病人，從早

上看到半夜。也有一位名醫，全部看自費，收錢收到要裝設提款機、請保全，然後病人常常睡前要吃到十種的藥物。老實說，當一個小時看超過十個以上的病人，除了開藥、安撫跟打發病人之外，幾乎就沒有時間做別的了！這樣的醫師做久了，要他們做心理治療？曾經有老師想示範給我看，別鬧了，他們真的不會，連基本的同理心都很難做到，比較多的叫「教育病人」。

另外的一些精神科醫師是相信心理治療的，對於藥物他們不是很懂，也不想弄懂。往往做了一輩子的醫師，會的就是當住院醫師的時候，老師、學長教的那些。他們一昧的、衷心地相信心理治療是最好的，有時候也很難去怪他們，因為門診中太多那種吃幾十年藥，吃再多藥也不厭煩的病人。心理治療一次一個小時，每周一至二次，動輒做上好幾個月，現在的行情一次收費要數千元。先不說療效如何，單單時間跟費用，就不是一般人所能負擔。像是這個病人，已經長期嚴重的睡眠不足，有充足的精神、慢慢地做心理治療，等心理治療的療效嗎？

這些相信心理治療的醫師會說，根據臨床研究的結果，認知心理治療的效果跟藥物治療一樣。問題是，真正嚴重的病人，是不會在研究同意書上簽名的。病人都喊著快要死了！不可能同意加入研究的，真正有經驗的醫師連想跟病人建議都不會。但只靠藥物呢？藥物可以直接帶給人們快樂跟幸福，而病人不需要付出努力跟代價嗎？

有些中老年人的憂鬱跟焦慮，在現實生活的情緒跟壓力下，或許能夠做的，也只有藥物治療加上適時的心理支持。嚴重精神疾病，像是思覺失調、躁症發作，跟基因體質比較有關，藥物才是選項，心理治療是沒有辦法用在思考能力有障礙的人身上。

但是在**阿立**，跟許多其他人的身上，老實說我不認為單單可以靠藥物，也不應該只是靠藥物。尤其是青少年，絕大部分心理上的創傷跟憂鬱，隨著時間也許會漸漸過去，但是留下來，不一定看得出來的傷疤，會影響一輩子。藥物可以減少苦難，看診可以提供支持，幫助度過最艱難的時刻，但是殘缺可以影響一輩子。

很多醫師會說：「根據研究，大部分的憂鬱症患者，尤其復發過的，最好吃一輩子的藥。」我不贊成，開藥跟心理治療都是一門藝術，也是精神科行醫最大的課題。

假如心理治療是解決之道，那還得有錢有閒是嗎？

這是一個困難的道德問題，在當精神科醫師的前幾年，覺得自己還在學習，心理治療我都不收錢，就是用健保給付，頂多加上幾百塊的掛號費。等到覺得自己已經有資格收錢了，卻開始遇到問題：

問題一：病人覺得心理治療是「良心」跟「功德」，不該收錢

曾經有一個病人，是外商公司的高階主管，堅持我不應該收錢；但是只要出新的手機，再貴他都買。「醫師，我生病也不是自己要的，日子過得很辛苦，你怎麼還可以跟我收錢呢？」後來我體會到，原來精神科醫師是吸血鬼，依靠病人的苦難謀生。只是幾乎所有的醫師，除了醫美整形之外，不是都建立在病人苦痛的需要上嗎？

問題二：那我該收多少錢

在美國，最基本的心理治療，還不是由醫師執行的，最少一小時一百美金，跟美國一個心臟科醫師看你十分鐘的收費一樣。美國精神科醫師的心理治療則是二百美金起跳，有點名氣的最少要一個小時四百美

金，那在台灣的我該收多少錢？

台灣付給醫療人員的費用，約略是美國的十分之一，所以一次的心理治療健保的給付只有一千出頭，台幣喔！要是心理師，頂多一小時六百元，比按摩師還少；現在很多電器的維修，到你家一趟是先說好要收三百塊。

這個問題擺在我心裡很多年，因為要好好的做一個心理治療，花費的腦力、承受的情緒無比巨大。你在電影中看到的心理治療，治療師一定是帶著個筆記本，好像很認真的，不時低頭寫東西。拜託好嗎！做筆記其實有點low，我幾乎從不做筆記的，要是做筆記也只是為了隨手塗寫，做做樣子。做心理治療，文字檔是不夠的，要在腦子裡存影音檔，還要記錄著病人當下的情緒跟自己的反應。

「醫師，你上次不是告訴我要『勇於說不』嗎？我做了好幾次，可是都沒人理我，好難過喔！」是嗎？我一向都不會直接告訴**「個案」**該做甚麼，心理治療稱呼「病人」是不恰當的，但是不生病怎麼用健保？因為心理治療不是給答案，而是協助個案，跟他一起去找出為什麼「無法勇於說不」。而在找尋答案的過程中，要逐漸的改變心理狀態，像是擺脫對情感過度的依賴；增強情緒的掌控與韌度；還要學會對生活更好的計劃與執行。

「我用的不是肯定句吧？我是說你『曾經試著』勇於說不嗎？」我當下必須去調出腦子中的影音檔，可能是三個月，或更久之前，還原那時自己的語氣，這不是寫筆記就可以的。做這樣的心理治療，除非有絕佳的記憶力，否則叫『折磨自己』。治療者必須要有所謂的「職人精神」，腦子裡要有個案的一個活動檔案，一堆的影音檔，還可以隨時神還原。

問題三：「快樂」值多少錢？「不痛苦」值多少錢？

那這樣的一個小時該收多少錢？想了好幾年，都沒有答案，因為個案的經濟情況不一樣，「吝嗇」，不，「大方」的程度也不一樣。後來換了一個角度來思考這件情：「擺脫痛苦值多少錢？快樂又值多少錢？」出國玩一趟至少要花個兩三萬吧！女生十幾萬的名牌包也經常在看到，但是大家願意花多少錢來成長，來換取一個能更積極往前邁進的人生呢？

這個問題是不會有答案的，從八十分進步到九十分，需要的努力，往往比四十分到六十分要多很多。心理治療者的專業度，跟同理心的能力，也不能用心理師證照、專科醫師執照來衡量。而個案對於心理治療的了解很關鍵，「急著好」每個人都會想，但是心理治療有其不能急的一面，尤其在剛開始的時候，很難用金錢去衡量進步的程度。

真正的問題是「阿立殺了人」

「**阿立**，你一直提到在半夜的時候會聽到腳步聲，可是我問了護士小姐，病房很安靜啊！是幻聽嗎？但是你告訴過我，白天的時候並不會聽到任何奇怪的聲音。」

「應該不是病房的關係，在家裡也是這樣，總是發生在半夜兩三點，很想閉上眼睛的時候，就像穿著拖鞋ㄎㄧㄎㄡ、ㄎㄧㄎㄡ的走路聲，感覺上很遙遠，卻聽得清清楚楚。」還是開一些低劑量，治療幻覺的藥物好了，搞不好會有效。

奇怪的腳步聲，該怎麼解釋呢？幻聽嗎？有些人在想睡的時候可能會有幻覺；長期的失眠，精神很疲勞的狀況下也可能會出現一些幻覺。

這些在醫學上並不會被認為是異常，即使是單純的幻覺，不會，也不應該被診斷有精神病。我曾經在門診碰到一個也是二十歲左右的年輕女性，她從很小的時候就會看到一些奇怪的東西在空中飄來飄去（俗稱的「阿飄」），她其實早已習慣了，也不以為意。只是最近考上大學後搬到宿舍，經常看到是一些沒頭沒手、很恐怖的阿飄，把她嚇到心情很不好才來看門診。

接下來幾次的會談中，我們談到**阿立**的爸爸生意做得很成功，又結了婚，最近多了一個小寶寶（這跟**阿立**的失眠有關嗎？）。**阿立**的爸爸很少回來，回來之後也常常跟**阿立**一言不和吵起來。**阿立**高中畢業後正在等當兵，對未來沒甚麼想法，也沒有甚麼目標，整天跟一些朋友閒晃。阿公阿嬤對他不是不好，只是年紀大了，愛唸很難免，也無法真正跟他「談心」。

媽媽在離婚後這十幾年來，就好像是從他的生命裡消失了，沒消沒息，阿立嘴巴上問不出甚麼。要問嗎？跟睡不著有關嗎？我沒有追問，無法說明只有最近幾個月很難入睡，先放著。有些心理治療者，可能有不少，覺得這怎麼可以輕輕帶過？但是醫師的訓練讓我更專注解決當下的問題先。

檢查出來一切都很正常，包括藥物測試，心理測驗的結果也沒甚麼特別，睡眠也調整到**阿立**可以接受的程度。**阿立**沒有再提起半夜的腳步聲，我一時之間也就壓根兒忘了這檔子事，兩個禮拜後阿立出院了。約好一個禮拜做一次的心理治療，對於一個年輕人，總是得想辦法幫幫他，不然要這輩子都得靠這麼多藥物睡覺嗎？

為了要更了解他的情形，我約了阿嬤來談，也很努力的把**他爸爸**找了來，希望他可以多花些時間，多回來看**阿立**，多關心一下他，這似乎是**阿立**很期盼的。轉眼間出院有兩個月了，心理治療也有七八次，情況確實有好了些，從他臉上多出來的那一點點笑意可以感覺得到，他也比較能夠跟我聊一些自己的心情，開始「真」的信任我。有一天，在心理治療快要結束的時候，

「黃醫師，你還記得住院的時候我跟你提的那件事嗎？」

「哪件事，我可能一下子想不起來，要不要說說看？」

「就是半夜兩三點的時候我總是聽到的腳步聲。」

「喔！聽你這麼一說，我想起來了，現在還是有聽到嗎？」

「嗯！但是我覺得該告訴你，那個腳步聲是從哪裡來的。」

「嗯！」我保持沉默，因為**阿立**的神色看起來不太一樣，從來沒有看他這麼的嚴肅過。

「我殺了人，半年前的一個晚上，我一個國中同學找我出去，他是

在幫賭場圍事的。之前我偶爾會幫他去充充人場，打打架、討討債甚麼的，只是覺得好玩，很酷。那一天晚上我們押了一個欠下很多賭債的中年男子，一路開車到深山裡，逼他跪在地上，我拿槍抵在他的頭上要他還錢。聽到他說沒錢可還，我朋友跟我點了點頭，比了一下開槍的手勢，我也沒多想就扣下了板機。我以前從來沒殺過人，所以每天晚上到了那個時間，就會聽到那個人被我們拖著上山時走路的聲音，像是要來跟我討命，睡意就嚇跑了，我後來就很害怕睡覺，害怕閉上眼睛。」

我一定呆了有兩分鐘，因為我還記得**阿立**當下盯著我看的眼神，他一定很想知道我的反應會是怎樣。在心理治療當下聽到病人坦承他殺人，這樣的事情不是每天都會有，這不應該是電影裡或小說中才會發生的故事嗎？腦子當下正在飛快的運轉，想著我該怎麼回應，這樣的情境是不會出現在書本上、在老師的教導裡。

「嗯！家裡的人知道嗎？有其他的人知道嗎？」

「沒有，我不敢跟別人說，我的朋友應該也不會說。」是啊！共犯跟教唆應該是不會去張揚才對。

「**阿立**，謝謝你對我的信任，告訴我這件事，我得要想想該怎麼跟你一起來處理這件事。下一次的時間提早個兩天好嗎？我們需要好好再談一談。」一個小時也快結束了！心理治療往往發生重要突破的時候，是個案猶豫到最後一瞬間，拖到心理治療快結束之時。當下需要很快的判斷是否要繼續，或者保留到下一次；以前我比較會忽略時間，繼續談下去，這次就等等吧！

「好的。」阿立神情看起來輕鬆了不少，可以把這件事說出來算是一種解脫吧！但是我卻一點都輕鬆不起來，雖然我終於知道阿立為什麼會失眠，為什麼會有半夜的腳步聲。

專業與良心？要勸阿立投案，或幫他放下恐懼，好好過生活

阿立離開以後，我在會談室裡又多坐了半個小時，在心理治療的前後，其實都需要花時間準備跟消化，但半小時遠超過我的平常。這樣的個案對心理治療者來說，可遇而不可求，大部分的心理治療者，殺人兇手的個案，搞不好做了一輩子都不會遇到。在生涯初期的我，就這樣碰上了，說當下沒有一點點的興奮感是騙人的。但是這樣子見獵心喜的興奮之情，卻轉瞬即過，因為這個治療過來該怎麼做呢？

一般來說，心理治療者，至少在生涯的前十年，應該是要有老師可以定期，或緊急需要時可以詢問跟指導的，再不然也會找同僚討論。求教於他人？想了一想後，發現這件事情，不管找誰都不會有答案，問題在於自己怎樣做選擇。在心理治療中，儘量是誘導個案去說出他自己的

選擇；有時則是把可能的選擇攤在個案面前，聽聽他們的想法跟決定。在一般的情況下，我也是會這樣做，但是殺了人，怕鬼魂回來找他，因此睡不著？聆聽、接受、讓個案思考？幫他找選項、做選擇？

選擇一：去自首，接受處罰

其實對於殺人這件事，**阿立**並沒有甚麼罪惡感，連內疚我也沒有看到一丁點，他的世界並不是圍繞在對錯是非中長大的。在會談之中，可以同理他被父母遺棄的感受，不是嗎？還沒進小學，媽媽不見了，爸爸幾乎不存在，回來又常常只是被責罵。他其實是個敏感又聰明的小孩，他知道自己的孤獨跟對愛的渴望，可是他沒有發言權，祖父母的能力也遠遠填不了父母的空缺。錯的是大人，是對小孩缺乏責任心的父母，我要跟他講對錯是非？那誰來還他這十幾年的公道？

瞬間不可怕，可怕的是看不到盡頭，無數次的期待與失望；是那折磨跟耗損人的心魔。

開槍只是一瞬間，被開槍的人那一瞬間可能更短，更何況在**阿立**的心裡，那只是一個賭徒、一隻廢物；而痛苦對阿立來說，是每天的日常。即使不說，在每次的心理治療中，我都可以聽到他內心裡的渴望跟吶喊，來自一個被冰凍在六歲的童稚心靈裡。

如果你是一個心理治療者，要問嗎？要**阿立**說嗎？說了你能給他「愛」嗎？就像去自首一樣，關在牢裡不會是他的選項，也不會有任何幫忙，只是製造更多的苦難。

選擇二：學會不要怕，每天好好睡

既然去自首不是選項，那剩下的選擇不是**阿立**，卻是心理治療者的。

我能夠藉著心理治療，讓**阿立**放下對被索命的恐懼，好好的睡覺嗎？我該嗎？道德正義呢？

在那個當下我太震撼，沒有辦法去思考：「能不能『逆天』去幫助**阿立**擺脫恐懼？」決定放下這件事情，不要管它，先集中精神在彌補空缺跟遺憾。我再度聯絡了**阿立**的父親，跟他懇談**阿立**的痛苦跟需要，請他多做點。他聽了，還買了一部車給阿立，但那車子沒多久就被撞爛，之後阿立消失了，我跟著也離開了那家醫院。

放下道德相對容易，放下正義跟因果比較困難

在一百五十年前的女性，不管多年輕就死了先生，剩餘的歲月不管又有幾個十年，都要跟男性保持距離，切勿引人非議，以換得死後的一座貞節牌坊。有時我會問女性病人，妳願意這樣做，覺得應該這樣做嗎？

沒有人點頭贊成。可是在以前的時代，這可是最普遍的道德標準，所以道德到底代表甚麼？

道德是人設的，而且從來不曾戰勝過所謂的「邪惡」，禁毒、禁娼、禁賭，甚至連禁酒、禁檳榔都沒成功過。在**佛洛伊德**的學說裡面，道德是一種人性的壓抑，也經常是痛苦的來源。

殺人很了不起嗎？二戰時，**德國納粹**花了五年殺死六百萬的猶太人，**鄂圖曼土耳其**政府也於一九一五年至一九一七年間，對其轄境內亞美尼亞人進行種族屠殺，受害者達一百五十萬之眾。非洲**盧安達**從一九九四年四月六日至七月中旬的一百天裡，七百多萬人口中約有五十萬到一百萬人被殺。殺人有多不道德？當被冠上民族、正義、宗教之名。電影《盧安達飯店》裡面描述了：「在這樣的一百天裡，當一個國家陷入了瘋狂，世界也閉上了雙眼」。

精神科醫師看了那麼多別人的人生，又嘗試著在書本中找尋人類痛苦的原因，我慢慢體會到其實大人們的道德、行為，跟罪惡，往往才是真正的元兇。「聖人不死，大盜不止」，在心理治療中，必須要用另一個角度來看待道德，試著先把它放下，但正義跟因果是另外的兩件事情。

絕大多數的人都相信「正義原則」

甚麼是**「正義原則」**？簡單的說，就是大家常講的「善有善報，惡有惡報」，也就是法治跟秩序的基礎。但是要等做壞事的人有惡報，等自己的善報來，往往要等很久。「不是不報，時候未到」，那就只能等，但是**「氣」**啊！沮喪難過啊！竟然等成了病人，「明明是他們的錯，為何是我來看病，我要做心理治療？」

心理治療中，往往需要處理的不是錯誤的**「認知」**，像二分法的「非黑即白」、驟下結論的「以偏概全」、完美主義下的「過度自我要求」，而是**「正義原則」**。一個人沒做錯、做好事，卻變成受害者；而對不起他、做壞事的人，反而占盡便宜，過好的生活，心中哀嗔怎能平撫？「善有善報，惡有惡報」等久了，那種企求正義的情緒會失控，到最後無盡蔓延，甚至在憤怒中摧毀自己的生活。

其實一開始都是希望那些「不小心」做錯事的人會自己「良心發現」；有一天才驚覺，原來那些人是「故意」做壞事。對「人性本善」的期待落了空，開始對人性灰心、失望，然後開始期待**「正義原則」**。當「正義原則」連結上了宗教，像是媽祖的「聞聲救難」、關公的「忠肝義膽」、佛教的「因果報應」，就開始希望老天爺、眾家神明也顯顯靈，伸張正義。到最後，不僅對人性失望，連對神明都失去信心。

心理治療要是不勸**阿立**去自首，去贖罪；反而幫他睡好、過好，那正義天理何在？是不是每個內疚，或害怕厲鬼纏身的兇手，都可以做心理治療，求得安心度日呢？對很多反對廢死的人來說，這已經超越道德敗壞，而是正義不彰、天道寧論了！

「因果」又是甚麼？跟心理治療何干？

在佛教的世界裡，**「因果」**是最重要的基礎，萬事有其因，也必有其果。其實科學，包括醫學在內，也應該這樣的。很多病人會告訴我，不知道甚麼原因，突然就心情不好，莫名的垂淚，我的回答是「不可能，萬事必有因」。

「因」可以包括遺傳、一點一滴累積的壓力，奮鬥太久卻依然離目標太遠，甚至是天候，像冬季憂鬱症，春天的躁症，俗稱桃花癲。假如不相信情緒、病情有其原因，或者不問其心理上的來源；那也不用在心理治療中，苦苦尋找過往的創傷與陰影，用藥就好。

「**因果**」在心理治療中更深層的意義是，個案要擺脫來自別人行為的影響，跟自己內在想法的糾纏，最好的效果就在尋找出「**因果**」最深的根源。心理治療某種程度上其實就是在努力改變「**因果**」，但要是自己種下的惡因，那心理治療該去逆轉其苦果嗎？

阿立竟突然出現在我的門診

聽到了殺人案，那我們不是該報警嗎？心理治療者，就跟律師一樣，無法違背個案託付的責任，我們是化外之民。精神科醫師跟心理治療者，在法律上有權力保護病人的隱私，不然病人怎樣能放心告訴我們他吸毒、犯法。只有在確知其意圖傷害的對象，也認為有立即的危險時，我們才有通報的義務。

考慮到殺人罪的追訴時效，本來是不該寫這個故事的，但是在十幾年後，有一天**阿立**竟然神奇的出現在我的門診。這麼多年不見，**阿立**改變了不少，已經三十多歲，原本瘦削精實的身材，變胖了不少，但依然很壯碩。

差別最大的是他的神情，堅定幹練，變成熟了，竟然還當上了外商公司的行銷總監。這次是從國外回來，睡不好才來找我，其實應該只是想給我看看他還好吧？老實說，聽到他現在可以正常的工作，還有了一個小孩，內心頗覺安慰，也不枉當年花的時間跟心力。我問他，可以寫當年殺人的故事嗎？他說沒問題，然後就出國了，這也是我最後一次看見他。

可以感應到，對當年的行為，他依然覺得沒甚麼大不了，沒有「悔過」的意思。不過我也不是接受告解的神父，正義、因果也不是我可以

第六章　崩潰與重建

那是一個根本不管醫師晚上有沒有睡覺，隔天都要照常上班的年代，有點殘忍，但是大家從來不會抗議。還記得我當實習醫師的那年，某個半夜裡，小兒科的病人突然情況很危急，整晚住院醫師帶著我忙了好幾個小時，跑來跑去根本就沒有片刻稍息。到了凌晨五點多，我站在病床旁，眼睛看著病人的狀況，竟然就那樣睡著了，住院醫師也沒罵我，只輕聲地叫我先去睡一下。「睡一下？」能睡多久呢！六點半就要幫病人打針，八點就要開晨會了，但是學長其實連睡一下都沒有，他還得要在會議上報告。

除了病人生命瀕危需要急救，半夜急診是住院醫師最害怕的另外一件事情，尤其是精神科醫師。偏偏那些痛苦到自己想不開，或者鬧到別人受不了的事情，常常都發生在夜很深、人該靜的時候。從台大精神科的值班室到急診，是一條彎彎曲曲的漫漫長路，單程至少要走上二十分鐘；而處理那半夜來急診的精神科病人，也是一段坎坎坷坷的碌碌歷程，一個小時內可以完成已經算是很順利的了。

精神科急診往往是資深的住院醫師帶頭，旁邊跟著資淺的菜鳥，學長們都先在旁邊看著菜鳥怎麼做，然後再趁機教學一番。這樣下來花的時間更是特別的長，一晚來三個，大概就是不用睡了！相信我，半夜看急診，不管是叨叨絮絮的問候不想活的人，耐著睡意安慰心急的家屬；還是注意自身安全，一面準備要動手束縛病人，都是人生痛苦指數很高的事情。

宛紜就是三更半夜的急診病人，已婚，五十四歲。她說這一年來身上有一股到處亂竄的「氣」，先從頭皮開始麻、發涼，接著氣會跑到脖子，然後再到身體、四肢。最近都在神經科看診，做了很多檢查，既沒發現哪裡有異常，吃藥也不見任何改善。這幾天情況越發糟糕，得要一直不斷的揪著頭皮，希望控制住氣不要亂跑，實在受不了只好來急診求助。

宛紜是一個書讀得很好，個性謹慎而內向的女子，套句現代用語就是「**宅女**」，工作跟家庭就是她生活的全部。大學畢業之後，因為信奉宗教的關係，她擔任了一位高階神職人員的助理。她連戀愛都沒有談過，算緣分吧！朝夕的相處生情，先生為她放棄了神職，他們最後也結了婚，只是年齡差了足足有三十歲。

生活原本靜好，歲月卻不肯饒人

婚後這一路走來，先生雖然離開了神職，依然有蠻好的工作跟收入；而**宛紜**有了先生的人脈幫忙，一直也都能有賺錢，還可以兼顧家庭的職業。生了兩個小孩，老大是個女兒，剛大學畢業在上班，老二是個兒子，快要從大學畢業了。孩子大了，有自己的房子，足夠的儲蓄，即使後來老公退休了，生活也過得很好。

老夫少妻的生活原本靜好，但**宛紜**老公年紀過了八十，開始有失智的現象，除了無法繼續工作，身體也開始出現病痛，常常得跑醫院。原本是一路備受呵護的老少戀，現在變了調，這一年多來，她不但要照顧老公的生活起居，聽他訴說著身體的病痛，還得陪著到處看病。更慘的是，老公希望她寸步不離，只要看不到她，老公就開始沒安全感，會大聲呼喚直到她的出現。每天得應付家裡驟然失能、焦慮不安，胡吵亂鬧的老公，她須與無法放鬆，不舒服的**「氣」**開始出現。

「氣」這種東西，說來就玄了

「氣」這種東西不是只會出現在武俠小說裡，像是運**「氣」**、**「氣」**遊走在三督六脈之類的，**「氣」**還會三不五時出現在精神科病人的描述裡。「醫生，我覺得我的**「氣」**好像不通耶！手腳都麻麻的，尤其是腳底，冬天都很冰冷。」「醫生，我胸口的『氣』都不順，好像有一口氣卡在食道、喉嚨，覺得呼吸都不順暢。」

台灣人其實真的太愛看醫生，可是卻太不愛運動，**「氣」**不順其實很應該。特別是那些焦慮體質的人，自律神經失調，往往手麻腳麻、肩頸緊繃、喉嚨卡卡，就覺得是**「氣」**有問題，四處求醫。剛好傳統的中醫理論就是在講**「氣血」**，甚麼東西都可以跟氣血不順扯上關係，先調理三個月看看。甚至連**思覺失調症**病人的身體幻覺，他們也會用**「氣」**

來形容，搞到精神科醫師問診時，要花不少力氣弄清楚「**氣**」是幻覺與否，有時「**氣**」也會有點不順。

所以講到「**氣**」呢！其他科醫師怎樣處理我是不知道，但是精神科醫師就有點頭大。因為抽象的描述，也總得要跟疾病的生理病理連上關係，不然怎麼跟病人解釋治療的道理呢？總不能說，我開的藥是提升**血清素**的作用，這樣你的「**氣**」就會通了。有的醫師是會這麼做啦！但這不是我的風格，我喜歡跟病人做良好的溝通，清楚的解釋。

宛紜說的氣跟焦慮症病人講的不怎麼像，因為方向不對，她的氣是由頭皮發麻開始，漸漸地往頸部、四肢延伸；而焦慮症的病人則由手腳開始，頭部跟肩頸的緊繃則是不同的狀況，他們自己很清楚跟手腳發麻不相關。**思覺失調症？**身體的幻覺嗎？剛開始我確實也有這樣的懷疑，因為**宛紜**的症狀實在難以用生理機制，或解剖結構去解釋。

中邪？

要是從我們的傳統宗教上去看，這未嘗不失為一個好的推測，不過，也好在**宛紜**信的宗教是不准拿香的，不然可能還要多搞上個大半年，才會來醫院求助。有不少人會問我信不信神，相不相信靈異，要是我跟你們說相信呢？會不會跌破大家的眼鏡。

信神明，因為由不得我不信

生命中最徬徨的，除了那些回頭看去都是滿滿荒唐的情史之外，大概要屬辭職離開第一家外商藥廠的時候。在不做主治醫師，進藥廠工作之前的那一陣子，連續幫了幾個商業人士作心理諮商，倒不是為了賺錢，只是剛好遇到的個案都是高階經理人。聽他們描述的，就像生活在另一個我不知道的平行時空。每個月都活在千萬業績的壓力之下？煩惱併購不到好的公司，一個月仍花上百萬租辦公室，養著一群暫時沒工可做的舊屬下？

心理治療者、精神科醫師們聽到這個，大概都會先點點頭，然後「可以說說看，這是甚麼樣的壓力跟感覺嗎？」老實說，不管問得再怎樣清楚，他們說得有多詳細，我們都不會真正知道那些感覺實質上是些甚麼。爸媽都是老師，我從小活在書堆裡，教科書跟一堆的課外書。平常上不完的才藝跟補習課程，難得出去跟鄰居玩，媽媽會說太陽太大。在親戚家過夜？阿姨家開漫畫書店耶！小孩的天堂，爸爸有意見。最後變成標準的宅男，一週五十塊的零用錢都花不完，商業世界是甚麼？沒概念。

所以決定了，暫時不作醫師，到外商的藥廠去歷練我所不知道的人生。不過請不要誤會藥廠的工作就是去拜訪醫師賣藥，我是不輕易拋頭露臉的，平時負責臨床研究、藥物安全，跟行銷部門合作促銷策略，開一堆子重大會議的醫藥學術處長。一開始是剛好有人介紹去日本藥廠上班，到大阪總公司拜訪那次，鞠的躬比一輩子的總和還要多。步調、想法，跟我留學美國的習慣差太多，做了一年我實在受不了，就遞辭呈走人。但是接下來要做甚麼，我卻沒有先想好，立刻到醫院找工作，重操舊業並不難，但有點給它沒面子，再找另一家藥廠？門路還不熟。

沒事賦閒在家，眼啾啾看著老婆跟兩個小孩，手頭也沒甚麼儲蓄，內心著實徬徨。就聽老婆的話，去廟裡走走拜拜，跟神明求個籤，問問該怎麼做比較好。太神奇了，連走三家廟，給了三支不同的籤，而這三張籤文都清清楚楚地說，到了春天會找到工作，明白到都不用找廟祝解釋。那時剛好是二月初，結果四月一日我就到新公司上班了，這樣的機率實在太低了吧？說是巧合也無法解釋。後來就固定在一家廟拜拜，求了幾次籤都無不靈驗，邪不邪門？邪；但是該說神明太靈驗，我從此就信了。

我不會照神明說的做，因為心中有更高的價值

曾經抽過籤王，你們知道甚麼是「籤王」，那就是不用在去架子上找籤詩，讀上面的籤文，也就是告訴求籤者「諸事大吉，心想事成」。

在我去那家新公司之前也找了神明求籤，竟然抽到籤王，而真的進了公司短短不到一個月，我就成了大紅人。表現突出優異，每天中午被總裁叫去身邊陪他吃飯、聊天。除了少數幾個眼紅的高階主管外，每個員工都對我好極了，聚餐有人斟茶倒酒，是這輩子最順風順水的工作。但是做了半年，我又辭職了，雖然知道只要努力做下去，總裁是個很棒的老闆，前途一定很好。

當然有別家藥廠高薪挖角，許我加薪30%、給名車代步、外帶高級俱

樂部會員，這些都是很大的誘因，但更重要的是，留下來的發展我並不是很喜歡。我喜歡挑戰跟創新，而新公司找我去就是要尋求改變，他們要換掉亞洲區所有國家分公司的高階主管，創立新的組織文化，希望栽培我當總經理。

這個工作從一開始的挑戰性就很大，舊勢力的反彈，資深主管對我的眼紅，在在都是極高的壓力。心中不時有疑惑，自然就會回去求籤，但是神明總是給我同一支籤：「焚香祝禱復何求」、「善惡平分汝自知」，最後一句就是叫我回家自己去唸經。意思應該是我冥頑不靈，總是不聽話，連籤王都不顧念，乾脆回去自己跪算盤，不要再來煩神明了。

抽了不下十次吧！邪不邪門？邪；但是該說神明太靈驗了，兩年多以後我離開藥廠，自己開了家小診所，之後再也不求籤了！

雖然曾經努力想當上跨國藥廠的總經理，希望出入有司機開著賓士車接送，公司一年付兩次讓你全家出國旅行的所有費用，還有股票選擇權。但我已經知道自己的天命，幫助病人還是最讓我覺得最踏實的工作，一開始的初心也是只想歷練一下，全然陌生，卻又佔有極大一塊的商業世界。經驗累積夠了，不再想著升官發財，乖乖回歸做醫師到現在也十年了，一切也都還平安。人生不一定得要都聽神明的、憑靠神明的保佑，只要誠誠懇懇地照顧病人，神明自然會看到，冥冥之中自會有庇蔭。

幸福快樂要是能一直延續到永遠該有多好，只可惜這世上沒有永遠，老天爺也很難盡如人所願

宛紜受不了八十歲的先生很依賴，很孩子氣，總是黏得緊緊的。奪命連環call之外，還怕她會有外遇，三不五時的兩人就會吵架嘔氣。一直以來生活在呵護照顧下的**宛紜**，突然之間從被憐愛的小女兒，搖身一變，成了二十四小時得要照顧難纏小孩的媽媽，連自己喜歡的工作都要放棄。

那股氣應該就是這樣來的，受不了先生不斷無理取鬧的**宛紜**，越來越失控的情緒轉化成身體的痛苦，讓她被帶來急診，這次不再只是談談就可以回家，而是躺在病床上送進了精神科病房。主治醫師跟我說，這一個病人需要每天好好跟她談一談，做做心理治療，「這個任務就交給你了」。現在回過頭去看，當時躍躍欲試的我，才當住院醫師半年，真是不知自己有幾兩重的初生之犢，一點都搞不清楚這樣的個案其實很難。

不管工作多忙，每天我都會空出半個小時到一個小時跟**宛紜**會談，談困擾她的氣、她身體檢查的結果與目前的用藥。宛紜並不想談她的先生，一點都不想談，很多事都是從別人那裡聽來的。雖然當時我也三十來歲了，但是從年齡上來看，做她的兒子仍然綽綽有餘。換成我是**宛紜**，要跟這樣年輕的小夥子醫師談婚姻裡的種種問題，算了吧！

要做一個好的心理治療者，人生的閱歷是很重要的，發生在個案身上的事情，自己認為知道那是甚麼壓力、甚麼情緒，這不叫同理心，叫「假裝」。就跟信不信神明一樣，或許得經歷了某些無法解釋的極大巧合，才能真正領悟「神蹟」不等同「該做的思考與決定」；「生命的價值」可以高於「神明的指示」。

後來我才知道，周遭親友之所以決定讓**宛紜**住院，最主要的原因是要讓她暫時跟先生分開，大家已經都覺得那種緊迫盯人不能再繼續下去了，但卻沒人拿得出辦法來改變那位執拗的老人家。讓她住進一個既不能自由進出，也不方便探視的精神病房來，如此一來她先生就被迫，必須學習去過沒有**宛紜**的日子。

荒謬嗎？真正造成問題的待在「杜鵑窩」外，受害的人卻被強迫住進來。不知情的菜鳥醫師還興沖沖地、努力地試著去做那很難有任何進展的心理治療，而那時其實他根本甚麼都不會。幸好這樣的荒謬沒有維持太久，住院的效果還蠻好的，氣的問題改善了，心情也變好了，三個禮拜後**宛紜**出院了。這樣的好轉跟我開的藥、做的心理治療沒有甚麼關係，是生活裡被破壞的平衡，得到了喘息與重新建立的機會。故事就這樣結束了嗎？當然沒有。

又被送到了急診，這次更嚴重

出院之後宛紜繼續在門診治療，但這輪不到住院醫師處理，主治醫師會自己來。只是一年半後，宛紜又被送到急診，也進了病房住院，分配到的依然還是同一個住院醫師，我，這樣的「太」巧合也是種緣分吧？

但這次她是激動崩潰到被綁進來的。

「**宛紜**，又見面了！還認得我嗎？黃醫師？」

「嗯！」她點了點頭，眼神渙散，說不太出話來。

半夜在急診打的針藥效還沒過嗎？病歷上記錄她最近非常焦躁不安，連一些簡單的家事都沒有辦法做，整天在家裡走來走去，最後幾近崩潰。是因為先生的緣故嗎？看來這次恐怕又得要住上一陣子，今天就先讓她休息好了。

「**宛紜**，早啊！昨天睡得好嗎？比較有精神了嗎？」

「嗯！還好，黃醫師你好。」看起來人應該是清醒了，而且還認得我。可是為什麼還是無精打采，而且還披頭散髮呢？她雖然不是那種會刻意打扮的人，但也不致於像這樣不在意自己的外表。

「要不要告訴我這次為什麼來住院呢？」

「不知道，我好好的啊！」「不知道」是精神科醫師很常聽到，卻不愛聽到的一句話，都可以搞到被束縛在病床無法動彈，原因不知道？

在接下來半個小時的會談裡，我們討論了她身體的狀況，原先氣亂跑的困擾沒有了，先生的身體狀況還好，家庭的生活也說沒問題。但是很奇怪，為什麼只是輕鬆的對話，**宛紜**卻越來越坐立不安呢？臉上不但漸漸流露出痛苦的表情，身體還開始晃來晃去，到最後連椅子都坐不住，恨不得趕快離開。一年多以前從來不曾這樣，雖然不想講先生的事，她還蠻喜歡跟我會談的。

「**宛紜**，怎麼啦？我看你一直動來動去，哪裡不舒服嗎？」

「沒有啊！黃醫師我們今天就談到這裡好不好？」她都已經不耐地站了起來，心裡雖然納悶低咕，我也只能說好。

我沒有勉強她，雖然心裡覺得這樣的表現很奇怪，心想反正還要住一陣子，倒也不急著立刻找出問題的癥結。一般來說，醫院提供了病人某種程度跟外界隔離跟保護的作用，病房裡的護士小姐、社工師、心理師會提供很多的善意與支持，原先的焦慮或憂鬱應該多少都會有所改善。

但是隨著住院的時間越來越長，**宛紜**的情況卻只有更嚴重，我們還是不知道她為何還是每天的躁動不安，家人也說不知道她那天晚上失控說想死是為了甚麼。

我們盡了很大的努力，從各方面試著去找出可能讓她煩躁的原因，但不管再怎樣下功夫，訪遍她的親朋好友，到最後還是沒有任何發現。我們也不斷討論各種可能的診斷，像是**躁鬱症**、**煩躁型憂鬱症**，並嘗試了一些不同的藥物，一點效果都沒有。

沒有最糟，只有更糟，連其他住院病人都已經受不了

剛開始住院，**宛紜**只是三不五時，看似無目的地在病房裡走來走去，能簡單的跟其他病人互動，會談個一二十分鐘她也還可以忍耐。到後來她根本坐都坐不住，連電視都只能站著看，兩腳還會不停的交換踱步。

跟她會談，講不到三五句話，她就按耐不住地想要離開，要是勉強想再讓她多待一下，她的身體就不斷的扭來扭去，像是身上爬滿了千萬隻的螞蟻。

除了吃飯，兒女來探視之外，沒有一件事可以讓她靜下來，也沒有一個地方可以讓她待得住。到最後，**宛紜**只會一直不斷的甩著手臂、踱著碎步，在病房無意識的，從一端移動到另外一個角落。任何一個人她都視若無睹，嘴唇也快速的在蠕動著，活像一個受盡苦難的靈魂，在小小的病房迷宮裡急躁著尋找出口。更令人難以置信的是，即使是躺在床上，**宛紜**的腳依然是踹著、踢著床板或床尾的欄杆，而且欲踹越重，越踢越大聲，一直到睡著才會停止。

在我所有治療過或看過的病人裡，論焦慮、煩燥、自虐，她絕對是第一名。那已經不只是焦慮，而是沒有止境、無從宣洩的煩躁，就像一個動物被放在炙熱的鐵板上，無處可逃只能不停的移動，偶爾才發出一聲壓抑的吶喊「啊」——「啊」——。大家看了都很不忍，希望可以讓**宛紘**的情況好一些，可是找不到敲開一個縫的方法，也找不到夠強的藥。

住院一個月了，老實說狀況是每下愈況，沒有最糟，只有更糟，「啊」——「啊」——越來越頻繁、越大聲。時間一天一天的過去，又過了半個月，連其他病人都開始受不了，團隊的壓力越來越大，尤其是第一線負責照顧病人的住院醫師。

當你在被公認為是最好的醫院裡工作的時候，那當然是一種驕傲，但是當你在最好的醫院裡卻沒辦法找出病因，也沒能力讓病人好轉的時候，那就真的不知如何是好了。主治醫師也束手無策，開始袖手旁觀，期待我創造奇蹟嗎？把病人轉介出去？除了面子問題之外，要轉介給哪家醫院，哪個醫師好呢？怎麼跟家屬說呢？「台大治不好，幫你們轉院」。

電療可以解決煩燥與激動，但是內心深處的病源呢？

寄望資深的總醫師、主治醫師幫忙？說實話，大家都試過了。剩下的好像也只有一個選擇，那就是**電痙攣治療**，俗稱**電療**。做法其實很簡單，首先是給病人打短效麻醉針，再幫身體做好適當的保護，接著把做為電極的小金屬圓盤分別放在病人兩邊的太陽穴上，調整好機器的輸出電流強度後，就可以按下通電開關了。你可以看到病人的四肢開始奇怪地動了起來，順利的話，一次就可以成功，不然就加強電流重來一次，手腳俐落點的話二十分鐘內就可以完成了。

病人先是手掌跟腳掌向內側蜷縮，接著是手臂、大腿突然地向上抬起，然後才是整個身體和頭部肌肉的抽蓄痙攣，就和**羊癲瘋**病人發作的時候一樣[2]。抽蓄痙攣持續個幾分鐘，之後一切歸於平靜，要是骨頭沒斷、牙齒沒裂，幾天後再做一次，約八至十次吧？看情況。

聽起來很可怕嗎？換成是我，聽了會被嚇到，恐怕也很難同意接受這樣的治療。科學研究發現，雖然短期的失憶狀態無法避免，但是，這樣的治療，腦部的功能長期來看，其實沒有什麼影響[3]。但這畢竟算是直接的侵入性治療，除非萬不得已，精神科醫師也不願意做。但是電痙攣治療對**宛紜**的情況會有效嗎？我的答案是「應該會」，至少病房其他的病人可以好好得到休息。既然如此，那還考慮什麼，動手吧！一個禮拜兩到三次的電痙攣治療，絕對比不上宛紜時時刻刻所受的煎熬。整個團隊，包括**宛紜**的家屬應該也都會支持我的決定，那還有甚麼好猶豫的呢？

實際上，我們當時已經說服家屬簽了治療同意書，就等我把治療的時間排出來了。可是我還不想，因為那個所謂的直覺又阻止了我，主治醫師也給了我充分的信任和支持。

就像之前說的，我是一個相信直覺的人，雖然在日常生活裡經常會被直覺欺騙、陷害，尤其是像買樂透，或者跟愛情有關的時候，但是我對病人的直覺一直都蠻準的。直覺告訴我，在**宛紜**煩躁不安的背後一定有一件很大的祕密，這個祕密讓她害怕得不敢去面對，連提都不敢提，甚至連想都不敢去想。就像一塊無比巨大的石頭壓在心上，讓**宛紜**無時無刻像在鐵板上被煎烤著的活物，痛苦到連氣都快吸不到。

經過了幾年的行醫，累積了足夠的經驗之後，現在的我可以舉出一些原因，來解釋當年為何會有那樣的感覺，但是那時真的只是一種直覺而已。我的直覺也告訴我，假如這個祕密沒有辦法被曝露在陽光下，假如**宛紜**不能勇敢的去面對那個事實，就算電療可以帶來一時的好轉，宛紜終究還是會回到那個寢食難安、靜坐不能，不斷踢踹床板的狀態。

不管，豁出去了，一定要知道那個祕密

那是一個晴朗的下午，在帶宛紘進到會談室前的那個霎那，我的心裡下好了決定，但我沒有跟醫療團隊裡的任何一個人提起過這個決定，因為它帶點瘋狂，也會被認為很魯莽。在醫學中心的病房裡，有關治療的重大決定往往都需要經過審慎的討論與評估，你必須有好的理論依據，也需要預測可能造成的後果。

我這輩子常常在做別人看起來魯莽的決定，最頭疼的大概是我的父親，像當年為了我去美國念心理學研究所，兩個人差點打了起來。醫學系畢業幹嘛還要去念認知心理學，好好申請當住院醫師，跟一般人一樣，成名利萬。要出國念書是以後的事，更何況在大學的時候我只念了一門普通心理學。只是當醫師跟心理學有甚麼關係啊？

假如腦部的結構是硬體，那麼心理學就是軟體，拿來跟電腦比，腦子的硬體除了不同的腦細胞、細胞之間極複雜的連結，也就是硬體之外，還有各自有功能，卻可相互制衡的化學物質。而軟體的運作，目前最被廣為接受的是「神經網路」，也就是當年佛洛伊德**《夢的解析》**中，所謂「自由聯結」的超級進化版。改變硬體組成要靠手術，調整化學物質可以靠藥物，那要是原先的軟體出了問題呢？像是因為童年的心理創傷，形成類似「迴路」[4]的強迫思考，那麼心理治療就是在找出並移除那隻「蟲」（BUG）[5]，所謂軟體中的錯誤，讓腦子恢復正常運作。

在當年我應該是唯一一個，在想當精神科醫師之前，卻先跑去讀認知心理學的，而且申請到的是博士班，一念至少要四年。這段時間別人都可以當完住院醫師，想賺錢的就自行開業，可以開始日賺斗金了。放著鮮「名」亮「利」的路不走，卻踏上很久以來沒人在走的路[6]，很瘋狂是嗎？但我的人生哲學是「**看得到的人生不值得活**」。

但是這個決定有點像是賭大小，下好了離手，一翻兩瞪眼，只是賭上的不只是自己的名聲，還賭上了病人的治療。賭大小是沒甚麼理論的，只能祈禱自己賭對了——**我決定盡最大的努力，把那個祕密從宛紜的嘴巴裡逼出來，她一定知道**。而賭上病人的治療呢？**宛紜**都已經不成人樣，活得如此痛苦，有什麼真正的風險嗎？

她可以尖叫的，只是她沒有

在下午快三點的時候，我和**宛紜**進了會談室，會談室的房間不大，裡面有四張很難坐的舊椅子，還很勉強的塞進去了一張單人病床，萬一病人需要被暫時隔離可以用。我請她先坐了下來，在最裡面的一張椅子，而我自己則坐在最靠近門的那把，原本她想坐的，固定要坐的，方便她不想談的時候，立刻可以離開。心理治療裡，連椅子該誰坐哪張，椅子之間的距離跟角度，在在都是學問，要在個案進來前就調整好。這是心理治療者的戰場，得充分利用主場優勢，這次我要門邊的位置。

「**宛紜**，我們可以談一談到底是甚麼事情讓你這麼的坐立不安嗎？」開門就要見山，我不想浪費時間，已經一個多月了。

「沒有，沒有事情，一切都好好的。」我的語氣不像以前那麼的溫柔，按計畫的給她有點硬，如我所預期，她有點慌張，低著頭不敢看我。

「老實說，我覺得一定有發生甚麼事情，一件很重大，很緊要的事情，才會讓你變成這個樣子。」步步進逼，反正想好了，也豁了出去。

「真的沒有，你不是也都跟我家人談過了嗎？」**宛紜**開始坐不住，心裡應該就是想著要往外逃。

「**宛紜**，沒有事情你不會變成這樣的，我們也認識一年多了，你可以相信我的，告訴我好嗎？」

她開始用力的踱地板了，一付急得快掉眼淚的樣子，但是這次說甚麼我都不會放棄，眼睛直直地盯著她的瞳孔看，瞬間須臾不離開。

「求求你讓我走好嗎？我甚麼都不知道。」

說著說著，她站了起來，帶著滿臉的虛心，想要從我身邊溜出去，這是意料中事，既然虛心以對，更坐實了我覺得她心中有鬼的猜測。我的椅子原本就緊鄰著門口，而門是得要往裡面拉開的，只要把椅子往左手邊移個幾十公分就可以把門堵死，我挪了。

宛紜嘗試著要繞過我把門打開，當然不可能，她出手想把我推開，我一點都不讓步，她出聲求我放他出去，輕聲的。

「宛紜，你今天一定要告訴我你究竟在逃避些甚麼，否則我是不會放棄的。」

她試了一會，發現我不讓也就退開了，她畢竟是客氣習慣的人。她回到原來的椅子上，坐了下來，雙眼直直的瞪著我，我也用力的看回去。過了一會她又站了起來，先是在狹小的空間裡走來走去，然後突然衝過來想把門打開，而我穩穩的坐在那，動都不動。

「把門打開讓我出去。」她開始生氣了。

「不行，你一定得要說出來。」我早已下定決心。

老實說，事情到這個地步，我開始有點感到害怕，萬一她尖叫怎麼辦？要是其他人趕過來看到底發生了甚麼事，我能夠不把門打開嗎？這樣豈不前功盡棄了？我又該怎麼解釋呢？我是個討厭撒謊的人。

還好她沒有，在這樣的情況一般人是很有可能會呼喊求救的，但是她沒有，為什麼沒有？心虛！

我們又恢復了互瞪與對峙的狀態。到了最後她放棄一切的掙扎，默默的坐在椅子上，低頭看著地上，這大概是她住院以來，我所看過最平靜的時刻了。

隨著時間一分一秒的流逝，我原本有點亢奮的情緒慢慢平靜了下來，心想著，要撐到甚麼時候才要承認失敗？抬頭看了看牆上的時鐘，從進來到此刻，剛好過了整整兩個鐘頭，時間過得有點出乎意料，他×的快。我累了，也該結束這個一廂情願的愚蠢舉動了，默默的把椅子挪回了原位，拉開了門讓**宛紜**回到了自己的房間。我們都沒有說話，她看起來也很平靜，應該還好吧？回到辦公室，收了收東西，五點多了，今天不想加班。

隔天早上當我出現在病房裡的時候，整個病房亂哄哄的，**宛紜**大吼大叫的聲音不時地從她的房間裡傳了出來。

「我甚麼都沒有了！我家要破產了！我們都活不下去了！讓我死了算了！」

我趕快衝到病房裡去，只見宛紜披頭散髮的坐在地上，像小孩子一樣手打腳踢地放聲大叫。旁邊有兩三個護士小姐正在努力的安撫她，其他的病人則是有點被嚇到了，站得遠遠的。一看到我來了，護士小姐趕緊跟我報告事情發生的經過——

「宛紜昨天晚上出奇的安靜，完全沒有那些踱步或踢床板的情形，只是都不跟人講話，叫她也不理，一付心事重重的樣子。早上醒來後她就一直賴在床上不肯起來，我們來請她起床的時候，她突然就尖叫了起來，一直喊著同樣的那幾句話。不管怎麼勸，她卻好像甚麼都聽不到，只是不停的喊著，還想衝出病房。」

「黃醫師，這個病人的情況看起來很嚴重，我剛剛已經跟急性病房的護理長連絡過了，她們剛好有空床，要不要把病人轉過去免得發生危險。」不知道甚麼時候病房護理長已經站在我的背後了，她一定在擔心病人跑去自殺。

宛紜會變成這樣一定跟昨天發生的事有關才對，護理長她們已經知道我昨天做了甚麼好事嗎？現在不是擔心這件事的時候。

「嗯，那就先幫宛紜打個針讓她平靜下來，同時連絡樓上急性病房把她轉過去，主治醫師那邊由我來跟他連絡。」

在忙亂之中，這一天過得很快，沒有人問我昨天發生了甚麼，病人到底為什麼會變成這樣，應該我幹的好事沒有曝光吧？做賊心虛嘛！心裡難免還在擔心。再怎麼說，這麼突然的病情轉變，也該會有人，要有人跟我討論一下的？還是**宛紜**的病情本來就很詭異，發生甚麼事大家都不會覺得意外呢？算了，敢作要敢當，不用胡思亂想，先到樓上的急性病房看看**宛紜**再說。

「**宛紜**還在保護室裡，她下午醒過來之後還是一直不斷的大叫，叫的還是些甚麼破產啦，全家都完蛋啦，連住的地方都沒有了，真的有這些事嗎？我聽她們交班的時候說根本沒有這樣的事，是她的妄想吧？當初的診斷會不會有問題？」急性病房的護理長跟我很熟，我們的討論一向都很開門見山。

「老實說，我也不知道耶！之前都沒聽說她家裡有經濟上的問題，確實有可能是妄想，你請負責的住院醫師再多了解一下吧！她的症狀確實有很難解釋的地方，精神分裂症的可能性不是沒有，麻煩你們了，有問題隨時找我。」換了病房，醫師也要換手，我只能從旁提供必要的資訊。

轉眼又過了好幾天，怎麼都沒有人來問我有關**宛紜**的事呢？心裡很納悶，加上都沒有聽到**宛紜**的消息，有點擔心，我又跑去找樓上的護理長。

「怎樣了？宛紜的情況有好一點嗎？」

「沒有，還是一樣的糟糕，已經決定下個禮拜就要做電療了。」最後還是得走到這一步就對了，當初我是不是就該這樣做呢？

「謝謝，那就麻煩妳們了！」

又聊了幾句，正要離開的時候——

「對了，黃醫師。」護理長頓了一下，我的心裡也揪了一下，該來的總該來的，勇敢一點。

「後來我們跟家屬詢問**宛紜**講的那些事情，她兒子終於承認那些都是真的。他雖然大學還沒畢業，但已經玩股票一兩年，剛開始賺了些錢，膽子就越來越大，到最後**宛紜**把家裡的積蓄全都交給他去投資。這一陣子股市不是很不好嗎？她兒子竟然輸到連房子都拿去抵押，現在股票被斷了頭，大概真的一無所有了。」

我的直覺是對的，**宛紜**和她兒子一直都沒講實話，實際上他的兒子在**宛紜**這麼漫長的住院裡，好像只出現了幾下下。

可能你會期待更離奇的故事，像是**宛紜**無意間撞見了她年輕時的青梅竹馬，他們重拾了當年的感情，契合的心靈與相互渴望的肉體不斷地在折磨著這對相逢的戀人。**宛紜**在道義上怎樣都沒有辦法拋下年邁的老公與可愛的一對子女，她只能每天被無盡的情慾煎熬。咳！這是愛情小說看太多，事實一點都不浪漫，只是他們破產了，她先生又老又病，而她也沒有了工作，原本覺得很靜好的世界，就好像隨著螢幕上一路下跌的股票數字，一片片的剝落。

後來呢？經過了數次的電療，**宛紜**的病情逐漸好轉，在急性病房又待了一個多月後終於出院了，在主治醫師門診那追蹤治療。我應該要多關心一下**宛紜**的情況嗎？畢竟她也做過兩次我的病人，但是對於自己做過的事心裡依舊耿耿於懷，想說要是她在別的醫師那裡被治療得好好的，我幹嘛插上一手呢？

一轉眼又過了半年，有一天在門診的電腦哩，突然掛號名單上出現了**宛紜**的名字。當下心裡真是驚喜交半，喜的是又可以再看看宛紜的狀況，驚的是她該不會回來重談被我關兩個小時的往事吧？這有點尷尬。只是既然她還會來看我的門診，那應該表示她沒有怪我才對。很想知道她現在的狀況好嗎？是不是又出了甚麼大問題，所以才又回過頭來找我呢？應該很棘手才對，這次我有辦法幫得上忙嗎？

還是耐住性子把排在她前面的病人看完，還好沒幾個。終於輪到**宛**

紜了，抱著一顆忐忑不安的心，我按下了叫號鈴，腦海裡一面在構想著**宛紜**可能的樣子，那天早上在病房裡看到的驚悚畫面這時又重播了起來。推門進來的竟然是一位年輕的小姐，我有點愣了一下，回過神來才發現是**宛紜**的女兒。

「黃醫師好，我是**宛紜**的女兒，還記得我嗎？」

「嗯！你好，我知道，我還記得，你媽媽怎樣了？目前還好嗎？」

雖然裝得很平靜，其實心裡面是掛了十五個吊桶，七個上八個下，還有滿滿的好奇與緊張。

「她很好，現在正在公司上班，所以沒有辦法自己過來，她特別交代，要我來掛您的號，要我跟您打聲招呼，說聲謝謝。」

在上班？怎麼可能？半年多前她那副完全崩潰的樣子又出現在我的眼前，而且她從結婚之後，除了一些兼差性質的翻譯外，都沒有正式的工作。到公司上班？很難置信。

「真的喔？那很好啊！上班多久了？」

「自從她出了院之後，她很快的就振作了起來，您也知道我們家裡的狀況，我們把房子賣了，另外租了一間小公寓，在經濟上暫時解決了困難，但是也沒有剩下什麼錢。我繼續原來的工作，弟弟去當家教，爸爸的朋友也幫媽媽介紹了一個出版社的工作，她已經到那邊上班兩個多月了，目前情況都很好。」

「那很好啊！平常有規律的吃藥嗎？」

「有的，現在開給她吃的藥很少，她也願意照時間好好吃，可能到年底再看看還需不需要吃藥吧？」

「需要預約嗎？」

「不用了，今天是特別來跟您打聲招呼的，下次我們再自己掛號就好了，你的時間她剛好都要上班，不方便。」

從此以後我就再也沒有聽到她的任何消息，我衷心希望她跟她的家人都能過得很好，**宛紜**再也不用住到精神科的病房了。

你們也許會好奇，到底我的同事們知不知道那件事，怎麼都沒人問我啊？後來我還是找幾個人刺探了一下，真的都沒有人知道耶！只是每次想起這件事，我就會問自己：「假如當年我沒有把**宛紜**逼到崩潰，結果會是如何？我做對了嗎？」心理治療常常看不到結果，也不知道人的一生終究會變得如何，但是「都看得到的人生」，有點給它無聊吧？

註釋：

2. 在病房打短效麻醉針施做**電痙攣治療**，眼看著病人癲癇發作，那已經是十多年前的事了。雖然病人不會記得過程，但偶爾還是會出現骨折、牙齒斷掉的事。所以後來一律改為在手術房施做，打肌肉鬆弛劑，避免身體不自主的抽動，並用腦電波監測是否電擊足夠引發痙攣。現在的TMS，經顱核磁刺激則是更進一步，不用電改用電磁力，也不用引發痙攣反應，但效果是否跟**電痙攣治療**一樣好仍在確認之中。

3. 我很好奇地去查過期刊裡的研究，其實做太多時，像是百次以上，對腦子還會是有影響的。但是一般來說，治療的次數都不會太多，頂多十次上下，做過的病人確實沒看到什麼後遺症。

4. 「迴路」是指程式的某個部分會一直不斷的被執行，即使程式並不想這樣做，卻無法跳脫，跟強迫症狀的原理很像。

5. 「蟲」就是指程式中的錯誤，程式運作到那個地方就會出問題，重則關機、效能大減，輕則出現執行錯誤。

6. 後來才知道，當年**佛洛伊德**也到德國**馮德堡大學**唸過心理學，近來很流行的大師**榮格**，甚至還做過思覺失調症病人的心理學研究呢！那一個時代的心理分析大師，幾乎每一個都去唸心理學。

第七章　被禁錮的靈魂

不知道過了多久，就像做了一個很長很長的夢，從尖叫、哭喊、吵雜，跟無盡的靜默之後，我終於醒了過來。慢慢地睜開眼睛，還沒來得及看清楚身在何處，就聽到身旁傳來一聲驚呼：「阿嬤醒過來了、阿嬤醒過來了！趕快叫護士小姐，趕快打手機叫爸爸媽媽過來。」

想開口問到底發生什麼事，卻一點聲音都發不出來，連動一下嘴唇的力氣都沒有，想伸手去拉旁邊的孫女，我的手在哪裡？

這還是在做夢嗎？旁邊的人越來越多，醫生、護士、兒子、媳婦都來了。好吵，一下子量血壓、一下子拿手電筒照眼睛，一下子要我抬起我的手，可是我還是一點都不能動。

耳邊傳來了媳婦的聲音：「媽，你終於醒了，你已經中風昏迷二個禮拜，謝天謝地，醒了就好。」不是夢，原來我中風了，怎麼會這樣？會恢復嗎？會一隻手、一隻腳不能動嗎？還能像過去一樣到處跑來跑去嗎？連眼淚都流不出來，心裡好難過。

在醫院裡不知道又躺了多久，每天兒子、女兒、媳婦、女婿、一堆子親戚朋友來來去去。他們不斷的跟我講話，我都聽得懂，可是卻沒辦法發出一丁點的聲音，身體也都不能動。

日子一天又一天過去，就只能「乖乖」躺在床上，看護幫我翻身、洗澡、灌食，復健師每天會過來幫我運動半小時。可是我什麼都感覺不到，除了睜開眼睛，什麼都沒辦法做，每天看著天花板過日子。

醫師每天都會匆匆晃過，有時試著讓我抬起手，叫我點個頭之類的，搖搖頭然後就又走了。出院了、回家了，已經醒來幾天了？不知道，日子過著過著，也不知道在過什麼。

一開始不斷地有人來家裡看我，每天人進人出的，有一陣子很熱鬧，應該是過年吧！枕頭下面幫我壓著了一個紅包。大家都努力地安慰我，要我放鬆心情，說慢慢就會恢復了，我也是這樣安慰自己。後來，看我的人幾乎都沒了，兒子、媳婦只有在早晚進來一下，跟我道聲早安、晚安。有時中午會進來看我，稍稍地坐上一會兒，自言自語的跟我講上幾句話。可是我不只無法跟他們說話，連頭都沒辦法點一下，我想，他們也不知道該怎麼辦。

身旁多了一位皮膚有點黑的外勞，好像叫瑪莉亞，每天守在我身邊，幫我翻身、擦澡、灌食，好辛苦喲！我為什麼還要活著呢？可是又能怎麼樣呢？

牆上多了一幅畫，是兒子掛上去的，小小一幅，太遠了，不知道畫了什麼，只覺得日子漫漫，好難捱！可是也哭不出來。

不知道又過了多少天，一位不認識的人走到我面前，他說他是黃醫師，兒子請他來看看我。是哪一科的醫生呢？神經科、復健科、來做什麼？他也沒說。

他問我：「你的手指有辦法動一下嗎？不行啊，沒關係，眼睛呢？可以眨一眨嗎？」

眨眼？要幹嘛？應該可以吧？可是有甚麼意義，可以放棄了嗎？我看著他，依舊不能動，他把我的床頭搖高一些，搬一張椅子到床旁邊，坐了下來。這樣我就可以清楚看見他了，他不再說話，只是默默看著我的眼睛，而我也看著他，畢竟這是我唯一能做的。

不知道他坐了多久，應該有好一陣子吧，大部分的人早就開始不耐煩，想要離開，不然就是努力找話講，吵得要死。他默默待在那裡，帶著微微的笑容，臉上的線條很柔和，要是瘦一點會更好看些。看著看著我也有點累了，眼皮快要垂下來了，可是我醒著的時候很害怕閉上眼睛後的黑暗。

他輕拍我的手，並握住我的手，笑著說：「每天這樣躺著很辛苦喔！加油喔！我會幫你開一點藥，讓你好睡些。」

他站了起來，不知道被什麼東西吸引住，他走到我的旁邊，應該是站在窗戶前面吧？足足站了好一會兒，是看到什麼有趣的東西嗎？最後，他還是走了，留下一句：「婆婆，我有機會再回來看你。」

那天晚上兒子回來後，跟瑪莉亞一起幫我把床轉了九十度，他說：「媽，這樣你就可以看看外面的風景了。」天都黑了，哪有什麼風景可以看啊！這個兒子是哪根筋不對勁嗎？

隔天我醒過來時，天已經亮了，黃醫師開的藥還不錯，昨天有睡得好一點。不然老是半夜醒過來，天黑黑的也睡不著，眼睛睜開等天亮的感覺有些難受。

瑪莉亞幫我把床頭搖高起來，我看到了，天空是藍的，一朵朵雲是白的，太陽照在雲上很亮，高架橋上有很多車子跑來跑去，旁邊有綠色的樹，樹上好像還有小鳥在跳躍，現在應該是春天了吧？

◎

我有時候會因為朋友的請託到他們家裡出診，電影裡面以前的醫師好像也常常出診，畢竟總是有不能出門的病人需要協助，現在這種情形好像很少了！幾乎不曾聽過。

當第一眼看到老太太的時候，我才知道她中風的情形如此嚴重，能活下來簡直是奇蹟。她除了可以睜開、閉上眼睛之外，根本無法動彈；

令我吃驚的是，她明亮的眼神讓我覺得她的意識是清楚的，應該聽得懂我說的話，或許也有著正常人的情緒和思考。

她的眼球會試圖跟著我移動，跟她說話，她的眼睛會發亮。我該怎麼反應呢？當初只是受請託來看她，說要評估是否有憂鬱症。這不是一件困難的事，想說可以簡單處理，長期臥病在床的病人情緒很容易低落，也容易睡不好，只要開個抗憂鬱的藥、再加點幫助睡眠的藥，應該很容易才對。

短短的幾分鐘，病人無法給出任何回應，當她憂鬱症吧！像這樣不憂鬱也很難。就請家屬來我診所拿藥，任務完成囉……可是空氣中好像飄著五個字：「留一下好嗎？」讓我就是走不開，於是我想「多待一下吧！」

居高臨下看著她，我一直站著，對彼此應該都很辛苦，也會很尷尬。

我把床頭搖高，拉了一把椅子在床邊坐下來。她的眼睛睜得大大的，一直盯著我看，我也直直看進她的眼裡。要跟一個被禁錮、無法動彈的靈魂溝通並非容易的事，而從她斜後方大窗戶照進來的光線很亮，晃得讓我有點分神。

「都不能動很難過喔？」我想像著用自己的眼睛說話，用了兩分鐘來傳達自己的意思。當對方無法言語，你卻自顧自地講話，其實是一種不對等的關係，除了獨角戲唱不下去，應該也會讓對方感到難過。牆上掛了一幅小小的畫，兒子說怕媽媽每天看著白色的牆，太無聊，特意去選的。

「嗯！」這應該是她內心的聲音了。

「日子不好過喔！」我又用了兩分鐘。

「嗯！」

「應該不容易，要好好過下去喔！」

「嗯！」

「我再多陪你一下，好嗎？」

「嗯！」

最後還是得走了，她媳婦一定在想，我待了十幾分鐘到底在做什麼？又能做什麼呢？要我去解釋做了什麼，而不被懷疑我這位精神科醫師是不是腦子也有點不正常，可能不是件容易的事。

於是，離開前我又開了口：「每天這樣躺著很辛苦喔！加油喔！我會幫你開一點藥，讓你好睡些。」

我站了起來，看到窗外的高架橋，旁邊有一座小公園，不由自主被吸引到窗戶旁，在台北市能擁有這樣的景色可不容易。晴朗的四月天下午，映著一片淺淺的藍，光線美極了。

雖然知道外面其實有點涼意，但是看到陽光打在白白的雲朵上、灑在青翠翠的樹葉上、照在公園那對祖孫的鶴髮童顏上，那種感覺很溫暖。祖孫身旁還有一對碧綠色的小鳥在地上跳來跳去，啾啾叫的聲音彷彿就在耳邊。

數年之後，當我把這段故事寫下之時，才猛然想起，最可能的是她根本聽不懂別人說甚麼。但是當下的我選擇了「她聽得懂」，至少這代表我「好像能多做了些甚麼」。

第八章 心理治療

——藉著治療者的專業知識與能力，提供個案自我省視、思考，跟前進的一段歷程

佛洛伊德「曾經」很流行

「心理治療」在台灣最廣為人知的應該是一九八〇年代，那時閱讀**精神分析**創始者**佛洛依德**的著作是一種流行，很多影片裡也有跟心理治療相關的情節，看著看著，到最後好像大家都知道心理治療是甚麼。但是在那個時候，心理師跟精神科醫師人力是嚴重不足的，單單在醫院的工作，像是門診、心理衡量，就很吃緊，更何況費時又費工的心理治療。

直到這幾年，心理治療工作室，還有專做心理治療的精神科診所，才像是雨後春筍，充斥在台北市的街頭。

曾經有好幾年中斷了醫師工作的我，十年前才又開始自己執業。所以當一連好幾個病人問我「心理治療是甚麼？」的時候，從開始的有點不知所措，因為以前從沒被問過。後來慢慢了解到「時代變了」！「催眠」、「星座」、「神一句」才是主流。不要說看甚麼**《夢的解析》**、**《心靈雞湯》**都可以免了，這是一個動眼球、玩遊戲、做醫美的時代。

「心理治療跟聊天不是一樣嗎？」「那跟朋友聊就好了啊！」那麼為什麼每次來門診都說自己很痛苦，卻連問題在哪都沒頭緒呢？

「我做過了，好像沒有甚麼效，都做了一兩年」可是問說心理治療討論過甚麼？核心問題是甚麼？不知道!?

「心理治療到底是甚麼？」

維基百科上的**心理治療**是：「由經過受過心理治療專業訓練並通過考核的人員，主要是心理師以及接受心理治療訓練的精神科醫師。建立一種獨特的人際關係，來協助當事人（或稱案主、個案）處理心理問題、減輕主觀痛苦經驗、醫治精神疾病及促進心理健康、個人成長。……以建立關係、對話、溝通、深度自我探索、行為改變等的技巧來達到治療目標，例如改善受助者的心理健康或減輕精神疾病症狀等。」

說實話，這個定義很專業，也很完整，但比較像是考卷上落落長的標準答案，沒耐心看完很正常。「獨特」是怎樣？甚麼是「健康」？像台灣這樣一個，高齡化又少子化的社會，最普遍的問題是年輕人對未來很茫然，缺乏處理人際關係與負面情緒的能力；而老年人對活著很厭煩，抑或對死亡很害怕。這些都不是可以簡化為「心理健康」，或「精神疾病」，就可以去處理的。

最後才發現，在這個企待三言兩語，很快就要知道答案的年代，「心理治療」這個東西太抽象。那些自覺很懂心理、很會勸世、很樂意助人解惑的，頂多提供了心理支持或協助，跟真正的心理治療就是不一樣。心裡真正深沉的痛與苦，不是大支持、小修改可以解決的；頓悟不是不可能，但比較是接近神話般的存在，最後只剩「想開就好」。

心理治療是——

1. 來自於需要「解除痛苦」、「解答困惑」。

2. 治療者與個案要達成一個契約，雙方要長時期，有耐心的努力「對談」。

3. 個案在治療者的引導下進行深度自我探索，回溯個案的經驗、情緒，與想法。

4. 個案在治療者的「同理」中，「重塑」舊往的創傷與疑惑，看到

問題的糾結與核心。

5. 困惑得到解答，痛苦得以解除，建立面對人生的態度，開展新的關係與生活「解除痛苦」、「解答困惑」。

心理治療其實跟學習樂器、語言也沒兩樣，必須規律、有紀律，不能動輒缺席，或者平常不練習，只是當下做做樣子。假如一個人要花好幾年上課、練習，才能嫻熟精通一項樂器，會說一種新語言，那學會處理情緒、人際關係應該花多久？「解除痛苦」、「解答困惑」的收穫跟學會彈鋼琴比哪個高呢？

跟學習樂器、語文不一樣，人們很少學習成長、人際相處、情緒處理，好像這些是與生俱來的。但其實不是，很多的學習都是在父母的身上、老師的言語中、跟同儕的互動裡自然而然、逐漸發生的。一旦在童年跟青少年的發展階段，缺乏了健康的成長環境，父母離異、被忽視、被凌虐、被霸凌，甚至被性侵，這些都會造成深遠的負面影響，就像前面幾個心理治療的故事。

這些創傷下的心靈，當下不但沒有逃避傷害的能力，更缺乏處理情緒所需的成熟心智，在潛意識中會埋下層層的障礙，造成日後的困難與痛苦。童年創傷只能解釋心理治療的某些個案，有些困難跟問題是日後造成的，像**小李**的**思覺失調**，與他之後輕生所造成的身體殘障。

要不是心靈活在痛苦裡，苦於人生中的疑惑，能夠快快樂樂活著，幹嘛求助於吸血鬼們？——「那些受過心理治療專業訓練，並通過考核的人員，主要是心理師以及接受心理治療訓練的精神科醫師」，其實我們絕對不是依賴人們痛苦維生的吸血鬼，但是很多人看待我們就好像是闇黑生物，最好不要沾上邊，更會擔心在我們面前被看個精光。

心理治療不等同於治療精神疾病，更不是心理健不健康的問題，像釋迦牟尼佛，就是有感於人生無常，希望解答生死離合的困惑，才拋妻棄子，苦行得道。他是在做自己的心理治療，透過拜師、修行，經年累月的內在探索。

「醫師，為什麼我不會快樂？不知道生命的意義在哪裡，活著有甚麼意思？」不會思考生命意義的人，心理就比較健康嗎？那麼每天埋首遊戲的人不就最健康了嗎？人生在不同的階段，不同的身心狀態下，想要保有快樂，本來就是一個不斷調適跟學習的過程。視接受心理治療是心靈不夠堅強，非不得已才要去，就跟精神科醫師經常給個案安甚麼**「邊緣型人格障礙」**[7]的診斷一樣，其實都帶著歧視跟偏見。

心理治療是一個雙向的契約，需要的是「對談」

「醫師，我來精神科看診，不就是同時要接受心理治療嗎？」像這樣的病人其實不少，不坐下來聊個二三十分鐘，他們會覺得時間太少，醫師不夠盡責。甚至「活不下去了，今天醫師一定要幫幫我」，「非得」「立即」在診間要幫他解決問題，甚至還個公道，不然就不願意離開。但精神科醫師既非法官，也不是神啊！老公有小三，妳生氣、激動、難過，要醫師評評理，是要評甚麼？要立刻想通，不憂鬱？沒花上幾個月的治療、不管是藥物、心理治療、藥物加諮商，或藥物加心理治療，事情怎麼會好轉？

倒不是說醫師只想賺錢，不願意給病人時間，沒有錢賺就不幫忙。問題在於，有些問題不是一時半刻可以解決的，也不是在門診能夠處理。很多心理上的痛苦不一定來自精神疾病，像是另一半劈腿，跟親人爭執，職場上被霸凌。焦慮或憂鬱，是實際困難跟負面情緒累積下來的結果，而不是問題的起因。

藥物可以治療焦慮或憂鬱疾患，減輕症狀，尋求治癒，但是沒辦法解除生活上的壓力跟困難。像衝突或被欺騙，這些生活事件可以透過支持跟諮商而好轉，不一定需要心理治療。心理治療的對象比較像是童年的家暴、憂鬱失能的父母、過往經驗的持續影響（像喪親的悲痛、身體殘障），或對事物固著式的設定與認知，像是追求完美、非黑即白、「問世間情是何物，直叫人生死相許」。

所以像門診那種無法確定有多少時間可以使用、人來人往的地方，不要說心理治療，有時醫病雙方要靜下心來做諮商都很難。真正的心理治療必須要有契約，最基本的是：

1. 時間——一週一至二次，一次一至二個小時，原則上不能遲到早退，或無故取消。

2. 需要多久——一般來說，半年是最起碼的，但是比較困難的個案往往需要一至二年，甚至更久。

3. 緊急狀態——譬如說提供緊急情況的電話諮商，或者約定好，當有輕生念頭到急診先尋求幫助。

4. 中斷條款——像經常性的缺席，短期無法控制的自我傷害、自傷傷人的立即危險。

5. 費用——心理治療是一個助人的專業，不是社會慈善事業，活得不快樂並不代表別人要無償提供給你。

有些心理治療者會跟個案訂立正式的書面契約，尤其是緊急狀態的處理，跟何時需要中斷或停止。我自己比較喜歡跟個案建立口頭跟心裡的共識，而這個共識是經過幾次的會談之後，個案了解到心理治療的形式、問題的輪廓，雙方許諾（commit）要真誠以對、努力以赴的結果。

切記心理治療不是「聊天」，不是來訴說一週來的不愉快或症狀，不是來倒垃圾或訴苦，更不是要心理治療者評論對錯，幫忙處理人際關係（有些個案會希望透過心理治療者，給予另一半或親人壓力，希望事情照他的想法來）。

甚麼是「對談」，不就是大家講話嗎？跟聊天有甚麼不一樣？

1. **「對談」有方向性**——所謂的**支持性心理治療**，是要讓個案宣洩、被傾聽，並給予同理，讓他們可以調整、加油，其實不能算是一種真正的心理治療。**諮商**著眼於提供客觀、專業的意見，對當下問題帶來技術層面上的改進。但**心理治療**是針對過往重大的創傷、悲痛，或人生的困惑，尋求問題的根本來源與解決之道，針對的是人與人、人與自己之間的認知和互動。

2. **心理學理論的運用跟建構**——**精神分析**、**動力精神治療**有很多學派，像**鏡像理論**、**榮格學派**，各自都有其適用的範圍，也有其侷限。

我比較喜歡系統性、有邏輯實證的心理學理論，像**艾瑞克森**（Eric H. Erickson）**的心理社會發展論**，把人類從嬰兒期到晚年分為八個階段。

除了客觀的發展理論，還有個人主動的認知與需求，心理學家**馬斯洛**（Abraham Maslow），把人類的需求簡化成不同層次。配合**艾瑞克森**（Eric H. Erickson）的**心理社會發展論**，它們構成心理治療的基礎分析架構，看看問題出現在哪個**階段**，哪個需求**環節**。

3. 個案必須要有耐心，願意配合；心理治療者則是做適當而積極的介入——假如像**佛洛伊德**式傳統的精神分析，讓個案自己掌控要說甚麼，治療者在旁邊「嗯」、「嗯」、「然後呢？」，等待重要線索的浮現才介入，那往往就不是一至二年，而是漫長歲月耗下來，都不一定有結果。

有些個案的主動性太高，把心理治療當做情緒的拳擊有氧，每周來發洩。有些則不擅表達，過於被動，把心理治療當上課。最糟的，是被

艾瑞克森「心理社會發展論」，將人類分為八個階段（從嬰兒期到晚年）

八階段	發展重點	發展危機	階段意義	重要他人	適應模式	適應失敗
嬰兒期（0~1 歲）	生存與依附關係	信任、不信任	成人對嬰兒需求的回應，關係個體對外在世界的基本感受	父母	安全依附	不安全
幼兒期（1~3 歲）	自我概念、語言	自主、羞怯懷疑	讓幼兒可以開始有安全感的探索外在環境，學習沒有陪伴	父母	模仿	懷疑
學齡前期（3~6 歲）	性別認同、人格發展	自動自發、退縮內疚	喜歡參與和互動，失敗或挫折，造成自責與退縮性	家庭 幼兒園	認同	退縮
學齡期（6~12歲）	友誼、學業人際互動	勤奮進取、自貶自卑	表現獲鼓勵，勤勞積極的態度，反之消極、被動	學校	主動學習	怠惰、被動
青春期（12~18歲）	自我認同、計畫未來	自我統整、角色混淆	思考未來及角色扮演，從人際互動尋求認同，學習社會化	同儕	社會化	人生目標迷惑，缺乏學習典範
成年期（18~40歲）	成就追求、家庭、親密關係，與社會關係	未來工作、生活、社交與親密關係的展開或障礙	建立親密的兩性關係及延續的社會友誼，表現、分享及互動	家庭、 職場、 社會	家庭化 社會結構	挫折 孤獨 冷漠
中年期（40~65歲）	承擔責任、回饋社會	奮發有為、停滯頹廢	達成工作目標、承擔家庭責任，跟社會深層的連結	家庭、 社會團體	自我滿足 社會參與	自私
老年期（>65 歲）	人生回顧、接受過去	自我統合、悲觀絕望	回顧一生，尋求人生的意義，對自我評價，追求心願完成	生命、 世界	統整	後悔

馬斯洛將人類需求簡化成八大層次

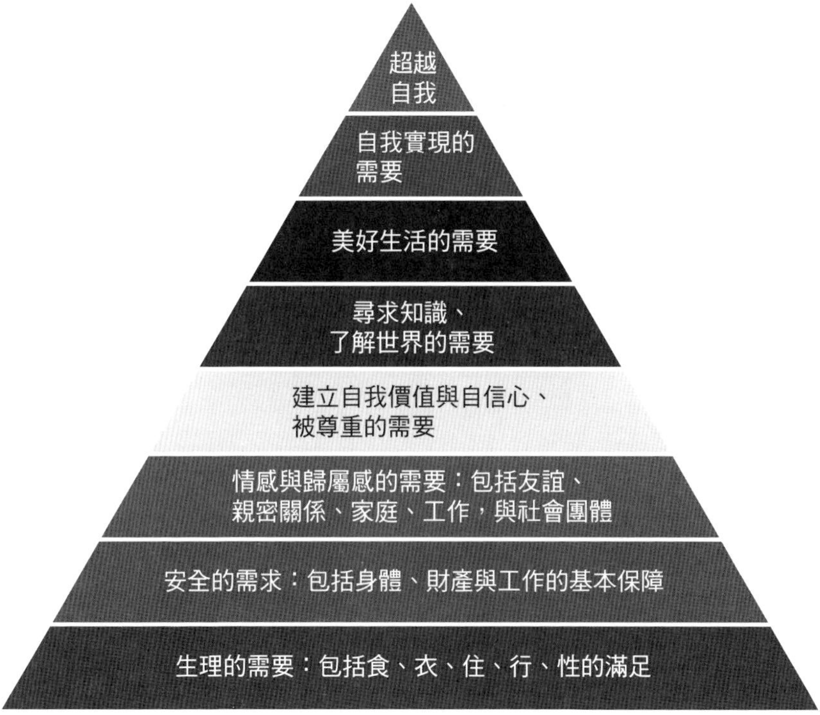

逼來、勸來的，缺乏動機，根本不想開口。尤其是青少年的個案，他們往往還不太會自我表達，治療者需要足夠的經驗，還要用人生的熱情來鼓舞他們。

現在是速食文化的世代，一般人的專注度不夠，耐心更差，往往治療都還在了解個案的起始階段，心理治療者就被放生了。所以要盡快讓個案建立動機、信心，跟進入狀況，讓核心問題浮現，才能進行實質的探索旅程。現在社會的腳步也比一百年前，**佛洛伊德**跟**榮格**的時代快很多，治療時間拖久了，對個案重新回到職場，人生重啟腳步都非常不利。心理治療者在充分傾聽之後，要找適當的時間點引導、介入、反饋，不然最後可能淪為陪伴者，而非治療者。

要能詳細回溯過往到現在的經驗、情緒，與想法，才是真正的深度自我探索

門外漢、初學者最常犯的一個問題，就是「太快給予結論」。即使是很有經驗的治療者，有些時候要是缺乏耐心，依然會「給太快」。至於另外一個更可怕的結果是「自以為是」的弄錯方向，給錯答案。

舉一個在電視上看過的例子，談話節目中被探討的對象是當時最紅的小童星，幕後工作人員揭露這位小童星，在工作上很要求完美跟細節。現場負責分析的是一位有名的精神科醫師，她的反應是「可憐的孩子，這麼小就把自己逼這麼緊，童年的快樂都不見了，應該教他放鬆一點。」

我當下的想法則是，追求完美其實沒有那麼不好，最大的問題是，

幾乎每一個紅透半邊天的童星，他們「人生巔峰」會落在四至七歲，之後往往每下愈況。因為他們小時候討喜的圓圓臉龐、略胖的可愛身軀就不再是資產，往往變成不夠帥、不夠漂亮，也不再搶眼的青少年。當年一堆人捧著大把現金追著父母跑，給他超級巨星的待遇，長大後資產變負債，即使毛遂自薦，恐怕也只會自討沒趣，必須比一般人花更多心力去適應。

他們長大之後，幾乎都需要接受心理治療，討論他們成長過程中，生理跟外觀上的變化、情緒跟心理上相對應的掙扎跟調適、跟同儕間不一樣的互動。要讓他們沒有失落感，知道努力的方向，也能快樂以赴，追求完美改到對的方向就好。假如心理治療沒辦法及時介入，過往的榮光跟傲嬌幾乎都會被挫折、失望、取笑，甚至霸凌而摧毀殆盡，常常陷入憂鬱跟自我放棄。

所以要能詳細回溯過往到現在的經驗，才是真正的深度自我探索，而這就是心理治療重點之所在。就像想打爆人頭的**阿倫**，假如沒有心理治療，可以重新體現媽媽離去當下的情緒、想法，並與現在的強迫症狀連結起來，那他還不知道要痛苦多久？人生會變得怎樣？作為一個心理治療者，在這個案例中，除了一開始說過「沒有人能一直考一百分的」之外，我沒有試著做評論、給答案，是**阿倫**找到連結，並因此造成變化。

治療者的「同理」，個案人生的「重塑」

「**同理**」是心理治療中很重要的一件事，或許也是最重要的一件事。但是「**同理**」有淺有深，所謂淺的「**同理**」，可以發生在每天的日常，像是在捷運裡讓位給孕婦、老人，因為我們可以「**同理**」到他們生活上的辛苦，不自私於當下。

比較深的**「同理」**就要更設身處地的為人著想，要能摒除自己一些既成的想法與偏見，像是種族歧視、宗教迫害。以美國白人對黑人的種族歧視為例，在南北戰爭之前，蓄養、虐待、非人的處置，早已有數百年的歷史。很多白人都視歧視有色人種為日常，因為白人的小孩，一出生看到的世界就是這樣，整個高踞上層的社會也看不到奴役其他人類的殘酷，善待黑奴就是很有**「同理」**了！

但是依然有人可以**「同理」**那群奴隸的悲哀，與背後所代表的人權意義，最後回歸到人「應該」生而自由、平等，不該因膚色、階級、宗教而被歧視、剝奪、霸凌。美國有一種難以想像的偉大，就是那犧牲二十萬白人的**南北戰爭**，跟之後二百五十年來，社會主流持續在教育、律法，對膚色、性別、種族平等的堅持。

心理治療中所要體現的則是最深的層次的**「同理」**，從**「At suffer」**

（站立在苦痛之上），到與個案**「心靈融合」**交會的時刻。去聽、去看、去切深體會個案的苦，像是那覺得被每個人討厭，躺在床上少人聞問，甚至半夜被放在單人病房的**小李**。假如不是每天站著陪他那麼久，在時間流逝中也感同身受那種無聊、孤寂的被遺棄。

窗外秋日斜陽消逝在公園的樹梢上，那對我很美，但小李看不到，就算看到也沒有感覺，因為心中苦太久、恨太久。當下我能跳脫自己的靈魂，在半空中俯瞰**小李**、自己，跟當下存在的周遭。最後可以進入小李的心中，看到他眼中的世界、經歷他人生時光的流逝，以及內心的轉折。這是心理治療最珍貴的**「同理」**，一個藉著共處、看見、分享，進而促成改變的巨大力量。

舊往的創傷與疑惑會同時浮現在那個片刻，過往的數年、數十年畫面在霎那間走過，同時也走過那更迭變化的情緒與思緒。擺脫症狀跟表象的困擾，問題的糾結與核心清楚的被感覺、被面對。就像**《歌劇魅影》**最後的結果：「她慢慢抬起頭、泛著淚水，走到魅影的面前，告訴他自己已經不再害怕那張醜陋的臉，因為他的心比任何人都脆弱而值得同情。在華麗的音樂中，克莉絲汀上前親吻了魅影的嘴唇，魅影也終於被這偉大愛情所救贖和崩潰，明白愛那個人就該放她自由。」

心理治療並不止於解除痛苦或疑惑，還要建立人生的態度，新的關係與生活

歌劇落了幕，故事也就演完了，可是人生不會落幕，生命要繼續。被父母缺乏了的愛如何彌補？要靠自己愛自己；被傷害弄殘了的肢體也無法回復，需要堅持的復健，還要找到新的生活目標。

並不是所有的苦痛都得以救贖，不是所有的人生都得以幸福，也不是所有的心理治療者都能幫個案找出魅影。但只要魅影存在一天，這個世界就被扭曲，充滿了很多痛苦的陰影，要有**「看見並面對魅影的勇氣」**。

趕走了魅影，還有人生要建立，但這最後的一程，就跟所有的人生一樣，需要建立積極的正向態度、尋找親密的關係與支持，過好每一天的生活，如同覺得自己一無所有的宛紜一樣。

心理治療是：看見、勇氣、往前走。

註釋：

7.會自我傷害、情緒不穩定，常有自殺意念的個案，往往會被給予**邊緣型人格障礙**的診斷，個人覺得這個有點反應過當。

第九章　給心理治療者們

很多精神醫療專業，甚至政府心理衛生相關官員，習慣把心理治療視為醫療的一部分，嘗試把個案「丟」入不同的疾病類別，或者處理模組。但是如同先前討論過的，解除痛苦與疑惑，跟治療**憂鬱症**、**恐慌症**等生理疾病並不一致，而是處理不同層次的問題。藉著藥物確實可以改變思考、情緒，甚至控制衝動；但是尋找快樂所需的學習跟人生智慧，這是**醫學**嗎？

幫助別人解除童年陰影的束縛，尋求成長的機會，這是「治療」嗎？很多議題不應該只是被限制在精神疾病與醫療的範疇，有很多跟哲學思維相關，像法國的心理分析就偏向哲學。所謂的**「心理治療專業訓練」**該包含些甚麼？這是一個難以解答的問題，也造成精神科醫師跟心理系出身治療者之間彼此的心結。甚至不同的學派之間也有門戶之見，心理治療者個人的主觀看法，偏好，卻往往造成溝通上的困難，阻礙了進步，也難以對社會傳達清晰一致的聲音。

陪伴別人走過困難的歲月，是艱鉅的神聖任務

已經接近十年沒有從事心理治療的工作，因為我選擇把時間花在寫文章、寫書，把介紹精神醫學跟心理健康作為個人的「自我實現」，病人的需要就轉介給心理師。我遇到的心理師都樂於助人，即使收入遠及不上所付出的心力，他們還是很積極，很努力。

但是心理治療在台灣社會仍然有不少的障礙，像是雖然求助的人變

多，但是迷惑的人卻增加得更快，很大的一個因素是社會人文修養不夠。我們的企業、科技進展得很快，但是隨著網路時代的來臨，眼球取代了腦子，網紅、Youtuber 成為了知識的來源。這本書可以幫助人們更了解心理治療，了解心理創傷，但也沒辦法幫人們多閱讀、多思考。

高升的離婚率、小孩被忽視、被凌虐的快速增加；另一個極端則是把小孩當成寶貝養，這些都會造成很大的問題。少子化、家庭的解構，加上薄弱的社會支持系統，心理治療者要面對更多的困難跟壓力。但是心理治療者自身也缺乏足夠的支持系統，像是師資跟指導者不足，科學、哲學上的探討也很欠缺。這一章是個人的經驗跟淺見，希望提供大家一個思考的園地，也歡迎指教跟交流。

「To be」or「Not to be」

莎士比亞最受人討論的一句名言是：「To be or not to be, that is the question.」這來自他著名劇作《哈姆雷特》中的一段獨白，很多人視這句話為難解的哲學謎題。或許連創作者本人，對話語本身精切的意涵，都不一定那麼的清楚，但是後世的紛紛擾擾有其意義，撇開文字跟哲學上的討論，我想跟心理同業討論的是「being」。

「To be」從語法來說是做一個決定，但是「being」，從心理學上來說，卻是代表**「一個人存活的狀態」**，尤其是主觀意識層面上，**「意志與情緒上持續存在的狀態」**。財富、聲名、健康、壽命，某種程度有其客觀上的認定，但是快樂、苦惱、憂傷、憤怒，往往都是一種主觀意志感受下的存在。如大家所知，同樣的處境，在不同人的身上，可以有不同的感受，也會造成不同的**「存活的狀態」**。

對於一個心理治療專業人員來說，重點不是幫助個案要怎麼決定，怎麼做；而是尋求讓個案如何能改變其希望擺脫的**「存活的狀態」**。心理治療的議題是**「之前存活狀態」**（been）、**「目前存活狀態」**（being），及**「目前無法用何狀態存活」**（not being）；**「未來存活狀態」**（being what?）及**「如何持續想要的狀態」**（how to sustain being?）。

對心理治療者本身來說，時光荏苒，問題不會是 To be a psychotherapist（成為一個心理治療者），而是 being as a psychotherapist（以心理治療者而生活，存在）。對個案也是如此，他們的 Being 是來自甚麼？是怎樣構成現在的 Being？經過心理治療後要成為一個怎樣的存在？如何付出去達到那個狀態所需的心智跟努力？還有如何可以維持在一個快樂的狀態生活？這就是心理治療最基本的意涵與目的。

Associationism 亦稱「聯想心理學」，其實是心理分析的濫觴

《夢的解析》書中都不斷的在講**「聯結」**、**「自由聯想」**，其實心理分析本身就是把**「聯想心理學」**運用在心理治療上。**「自由聯想」**是精神分析最主要的方法之一，藉著個案在放鬆的狀態下，自由的敘述平常的情緒、夢境發生的事情，回憶從童年起所遭遇到的一切經歷，包括精神創傷與挫折，從中發現那些相關的心理因素。最終的目的，是發掘病人壓抑在潛意識內的致病情結或矛盾衝突，把他們帶到意識域，使病人對此有所領悟，並重新建立現實性的健康心理。

追溯**「聯想」**在哲學（科學）歷史的脈絡，十七世紀**霍布斯**（Thomas Hobbes, 1588~1679），認為聯想就是某些觀念連續運動的結果，能以聯想來解釋人的想像和思維問題，在想像和思維等活動中，事物經常互相聯結。他主張聯想有兩種：一種是不受指導的（unguided）、不受控制的（uncontrolled）自由聯想；一種是受指導的（guided）、受控制的

（controlled）節制聯想。

洛克（John Locke, 1632-1704）則首先提出「聯想」概念，他常常論及觀念的聯結或混合，所以他的聯想說乃是觀念的合併（combination）或聯結（connection），例如人因食蜜過多而生厭，或因手術受過痛苦而不願再見醫生。洛克擴展了聯想概念，把一切複雜觀念的形成都歸納為聯想作用，他的聯想概念乃是後世聯想主義心理學思想的核心概念。

卡爾．古斯塔夫．榮格（Carl Gustav Jung, 1875-1961），是一個精神科醫師，曾擔任**尤金．布魯勒**（Paul Eugen Bleuler, 1857-1939）的助理，而**尤金．布魯勒**則創造了**「精神分裂症」**（Schizophrenia，現稱**思覺失調症**）一詞。**榮格**在二〇年代初期，曾經進行了許多**詞語聯想的研究**（參看 The Association Method, Carl G. Jung, The American Journal of Psychology, Vol. 21, No. 2(Apr., 1910), pp. 219-269）。

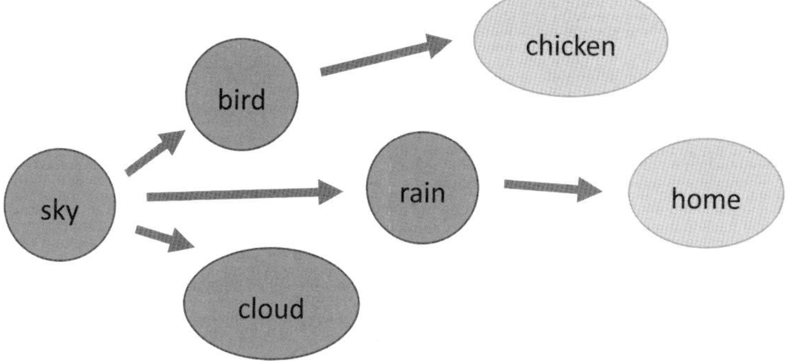

榮格也曾經以思覺失調症病人未受測者，發現了跟一般受測者相比，病人給予的詞語聯想比較少見而不典型的，像「sky」最常的聯想是「bird」、「cloud」、「rain」，但病人可以是「chicken」、「home」。對不起我已經找不到這篇研究了，他的想法可如上圖所示。

榮格不僅加入了**佛洛伊德**的**精神分析運動**，共同創立了**國際精神分析學會**，並任第一屆主席；他更是一個在**思覺失調症**很好的研究者，也是一個專注在聯想主義的心理學家。

性格與原型

很大的程度上，**榮格**確實打破了某些佛洛伊德過度執著在**衝突（conflict）**的想法，也提出了心理學上有關人類性格的分類。在**《心理類型學》**（Psychology Types）一書中提到每一個人都屬於「內向」、「外向」兩種性格。內向性格者被比擬成通情達理的**阿波羅**，他們喜歡獨處、思考，深思熟慮並且善於自省，但對參與他人的活動不感興趣。外向性格以**戴奧尼斯**比擬，他們富有活力、生動並且喜愛參與活動，可能於獨處時感到無聊。

可是從現代精神醫學角度來說，其實人類有各種不同的基因跟生理腦部特質，像是社交焦慮、過動，它們都能更精準的預期性格的形成跟表現。科學的進步很大，早已經讓我們可以脫離這些先賢們的理論範疇。**社交焦慮症**做為一個疾病的分類是值得探討的，一個人社交焦慮的程度可能不只是一個二分法，而比較像是一個連續的維度，或許跟血清素的個別差異很有關係。社交焦慮的狀況越嚴重，個體就越內向，越內向就自然比較會獨處跟思考，

而外向的程度有關的因素很多，跟好動、自戀、甚至反社會程度都有關係。堅守**原型說**是一個非常大的挑戰，也很大程度違反了我們目前對於**個體性**（individuality）的看法。真的能用幾個簡單的原型去了解個案嗎？不會失之武斷嗎？而原型是後天環境的產物，是先天集體潛意識的呈現，還是生理上腦部與生俱來的特質或異常發展？

像是電影**《蝙蝠俠》**裡面有一個非常引人注意的反派角色**「小丑」**，他幾乎就是一個**「反社會人格」**的原型，欺騙、冷血、為惡，對別人的

痛苦無動於衷，甚至覺得越殘忍越有趣。但這是後天環境養成的嗎？很多人都覺得這樣比較合理，但目前的科學證據，**反社會人格**似乎偏向跟基因有關。而在美國諾貝爾獎得主史坦貝克著名的**《伊甸園東》**書中，女主角就被描述成一個天生的，跟後天養成沒有關係的反社會大魔頭。

精神分析與認知心理學，潛意識與內隱記憶

在醫學系畢業之後，本來想去法國念精神分析，但是在閱讀法國精神分析學大師**拉岡**（Jacques-Marie-Émile Lacan）的著作之後，卻覺得背後應該可以找到科學的解釋，轉而到美國念研究所，這跟我負責邏輯分析的左大腦優勢有關。直到回來擔任精神科醫師，我才發現不管是**佛洛依德**、**榮格**，都是醫師出身，一個神經科，一個精神科，但是也都研究了心理學，大量的把聯想主義運用到心理治療，成立了**心理分析學會**。

在研究所，一開始的主攻是認知心理學，研究人類記憶的特質，尤其是**內隱記憶**（implict memory）的形成方式。**內隱記憶**是指一種不能察覺的記憶，是會影響個體想法與行為的知識，但卻是個體不需意識或加以知覺的一種記憶，聽起來像不像佛洛伊德的潛意識啊？

雖然心理學的「**聯想**」是從哲學的思維出發，卻已經具備了科學的思維，甚至**榮格**用對照組實驗，發現**思覺失調症**在大腦「**聯想**」過程上的影響。但是新鮮的語詞跟偏哲學的探討，如「**潛意識**」、「**超我**」、「**原我**」、「**戀母情結**」、「**原型**」，「**集體潛意識**」等等，其引起的興趣卻大大超越了科學本身的發展。當然這跟當年的科學，尤其對有著頭骨堅強保護著的大腦來說，進展可以說是非常的緩慢有關，人性總是希望在自己的一生中找到所有的答案。

在那樣的時空背景之下，所有的精神分析學派，都應該只是瞎子摸象，最後淪為各自表述。各種的學派，透過各自的觀察，提出不同的假說，進而促進了人類對心理的探討，這是不容抹滅的。但是當學派成了教派，哲學思維成了追隨者的宗教信仰，百年前的學說依然故步自封著。

在就讀研究所的期間，心理學界對於人類大腦在訊息的運作，是**「系列處理」**，還是**「平行處理」**，在十幾年的實證探討裡，依然無法達成共識。雖然相信**「平行處理」**的人比較多，但是科學上依然無法達成共識，論證沒停止過。這是我放棄學術生涯很重要的原因，無謂的爭辯往往會耗時十幾二十年，卻只因為信仰不同。

就像現在都一致同意孟德爾（一八二二—一八八四）的**基因遺傳定律**，甚至要搜尋出相對的**拉馬克主義**都非常的困難，而四十多年前的國中課本可是兩者都有詳細介紹的。拉馬克（一七四四—一八二九）認為後天獲得的**性狀**是可以遺傳的，因此生物可把後天鍛練的成果遺傳給下一代。如長頸鹿的祖先原本是短頸的，但是為了要吃到高樹上的葉子經常伸長脖子和前腿，通過遺傳而演化為現在的長頸鹿。他主張**「用進廢退說」**（use and disuse）和**「獲得性遺傳」**（Inheritance of acquired traits），既是生物產生變異的原因，又是適應環境的過程。

孟德爾花了極大的力氣說服科學界，超越了之前的迷思，一個建立在有名人士未經嚴格科學驗證的想法。相同的**達爾文**的**進化論**也是歷經了多年的討論，宗教界的拚死抵抗，才逐漸累積到至今的「幾乎」無人質疑。

科學的進步會帶來新的發現，這二十年來**功能性顯影技術**，在腦部科學上獲得極大的進展。可以清楚的呈現出，當訊息開始進入腦部，多個部位是同時發生反應的。像是訊息處理的**腦前葉**，跟情緒有關的**下丘腦**，同時都會發生變化，連後續生氣的部位都可以被定位。到現在應該不會再有人相信**「系列處理」**，不要說爭辯，連討論都嫌多餘，這是科學技術進步的必然。但是多少人能夠跳脫學派之見，信仰科學呢？或許不跟隨新知，不挑戰自己，這才是人性之必然。

神經網路

相對於腦科學在這二十年來的突飛猛進，在心理治療界，相對應的卻是被**佛洛伊德**逐出學會的**榮格**崛起。我對**榮格**並沒有真正深入研究，但是他的心理分析學說真的經得起科學的驗證嗎？**「集體潛意識」**是否違反了**孟德爾定律**？畢竟生命來自於雙親的基因，不是嗎？潛意識可以，但又要如何能傳遞到下一代呢？

對於不相信邏輯跟科學的人，那是個人的選擇；沒有了邏輯與實證，不同的意見也只會形成爭辯，而爭辯是沒有意義的。我想跟各位探討的是，**佛洛伊德**的理論是否可以用現代的科學加以重新詮釋，用平行處理系統的**神經網路**架構[8]？

神經網路架構對絕大多數的精神科醫師，跟心理學家來說是一個陌生的東西，但打敗所有圍棋高手的**阿爾法狗**，就是運用**神經網路**架構。未來世界的主流絕對是神經網路架構，特斯拉創辦人伊榮．馬斯克所擔心，人類被機器宰制的世界，終將在這個世紀內發生。

用一句話來簡單看待聯想主義：「聯想中的每一個具體形象或概念，就如同鏈條上的一個環節，如果將這一個個形象或概念連線起來，就構成了思維的整個過程」。以現在的科學來說，就是**神經網路**的基本概念，只是**神經網路**是3D立體架構，聯結是散發的，而非線性的。下圖是最常引用的。

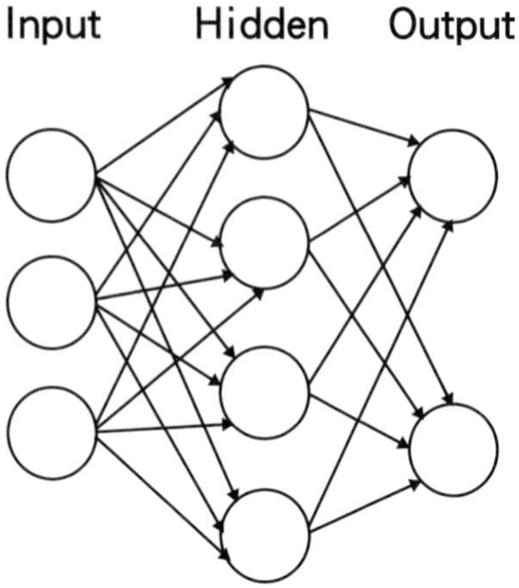

對**隱性記憶**有認識的人，會知道輸入絕不是單向的，我們在社交場合上跟一個不熟的人講話，腦子會做很多事情。第一件事是聽他跟你打招呼，同時要快速搜尋對容貌、名字的記憶，還會跟著搜尋上次的時間。這些都發生在很短的時間之內，不僅於此，腦子還要運作該怎麼回應，可能同時必須跟旁邊正在說話的人給個暫停的暗示，並同時解讀別人的情緒與反應。神經網路的第一個特性，就是平行處理，一個指令接一個指令的系列處理是超級沒效率的。

就這樣嗎？**微軟新注音**跟**微軟注音**的不同是，在打完一個字之後，會出現下一個字的選擇序列，**微軟注音**是固定的，**微軟新注音**卻是隨著個人之前的使用習慣而調整。而且你這一次的選擇不只是呈現在螢幕的點選上，也同時改變了下一個字的選擇序列（改變了連結強度），兩者瞬間完成。所以當你在回應招呼時，腦部除了做了上述的快速反應，引起一系列的連鎖反應之外，你也同時產生了新的記憶，更改了大腦內神經元的連繫強度。

所以我們意識的一切靠的都只是神經元的記錄、傳遞、搜尋，然後做到神經連結的改變，並產生連串的反應輸出嗎？自我、原我、潛意識、集體潛意識、原型、性格可以反應如此迅速嗎？假如可以，又是如何做到呢？**認知模組**（Schemata）？無所不能的靈魂？神助？

自我、原我、潛意識、集體潛意識、原型、性格，這些迷幻的名詞，在我們的身上，總有存在的位置跟形式吧？推給非肉體的靈魂跟神也是一個辦法，但這就脫離了科學的範疇，也沒有了討論的空間。那所謂的**「心理治療專業訓練」**，就是讀經、辯論、詮釋，各自信仰罷了！

神經網路這幾年來心理治療學界的進展不大，談的人也極少，要跟各位解釋神經網路架構是一件艱鉅的工程，也不是本書的目的。神經網路架構是無比簡單的概念，其運作跟在心理治療的意涵卻無比複雜。先要認識**「熱認知」**，一般討論語文記憶（Semantic memory）跟程序記憶（Procedural memory）的是**「冷認知」**，是認知心理學跟神經心理學的領域，用不到心理治療之上，心理治療需要處理同時包括記憶與情緒的**「熱認知」**。

「熱認知」跟「冷認知」

榮格是個極聰明的人，最後卻走上反**孟德爾定律**，反基因遺傳跟反科學的立場，在那個腦科學無法突破的一九〇年代，可以說是一種不得不的選擇。就像**佛洛依德**的信徒們，從不過問**潛意識**、**自我**、**原我**、**超我**用何種方式存在，存在何處，也是一種卡在宗教、哲學裡的時代必然。但是在平行處理的神經網絡裡，**潛意識**是必然、**原我**是欲望與衝動、**自我**是發展重中逐漸建立的影像與概念，而**超我**則是道德禮教、期待與想望。

熟悉心理治療的專業，應該都會理解**認知心理學**跟**認知行為治療**的極限，就像本書中前面幾個心理治療個案，都不是單講道理、認知就幫得上忙的。所謂**「熱認知」**跟**「冷認知」**的差別，就在**「情緒」**，情緒如何在腦中與記憶，認知結構互動。再回到**榮格**的著作《*The Influence of the Emotional Complex on Association.*》By Jung, C. G.,et al., 1909 The psychology of dementia praecox，（pp. 50-68）。

「*Every emotional event becomes a complex.If it does not meet an already existing kindred complex it is only of momentary significance, and gradually sinks with lulled emotional tone into the latent mass of memory where it remains until a kindred impression reproduces it.But if an emotional event meets an already existing complex, it reinforces it and for some time assists it in gaining the upper hand. The clearest examples of this kind are to be seen in hysteria, where apparently insignificant things may lead to strong emotional outbursts.*」

「*The strongest complexes unite themselves with the strongest emotions*

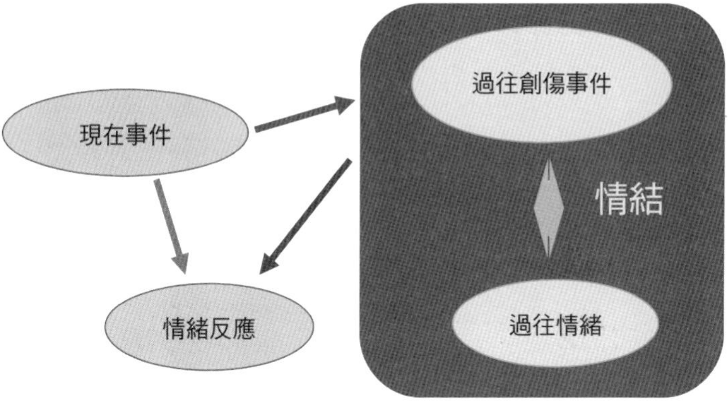

and impulses.」

整理之後是說，每一個情緒事件形成一個**情結**（Complex），假如這跟之前的情結並不符合，就只有暫時性的影響，它會存在於一堆不被活化的記憶中，情緒也會鈍化。但這個情緒事件要是跟已知情結相符，情結就會被強化而佔據上風，最清楚的例子就是**歇斯底里**，往往不重要的事情會引起情緒大爆發，最強烈的情結會引起最強烈的情緒跟衝動。

換句話說，**榮格**認為情結跟情緒

是連結的，並且儲存在記憶裡。類似的情緒事件會誘發記憶裡情結的連鎖反應，產生過度的情緒和衝動，並強化過往之情結，這個是完全符合過往的聯想主義，跟目前神經網路的理論。

這是一個最簡單**熱認知**的例子，當然事情遠比我畫的複雜很多，像是現在事件的情緒反應被過度放大的結果，可能會回饋強化過往的情結。還有所謂的PTSD嚴重創傷事件也會有深遠的影響，絕不是**榮格**信口胡謅「跟之前的情結不符合，就只有暫時性的影響，它會存在於一堆不被活化的記憶中，情緒也會鈍化。」精神分析宗師們最大的問題就是「信口構築心理世界的組成」，而精神分析信徒最大的問題則是「盲目跟隨宗師」，缺乏驗證跟批判的精神。

對於過往的情結，或是創傷事件，如被性侵，當發生在幼童、青少年時期，往往在**神經網絡**裡會造成一個**「被保護」**的狀態。記憶被深

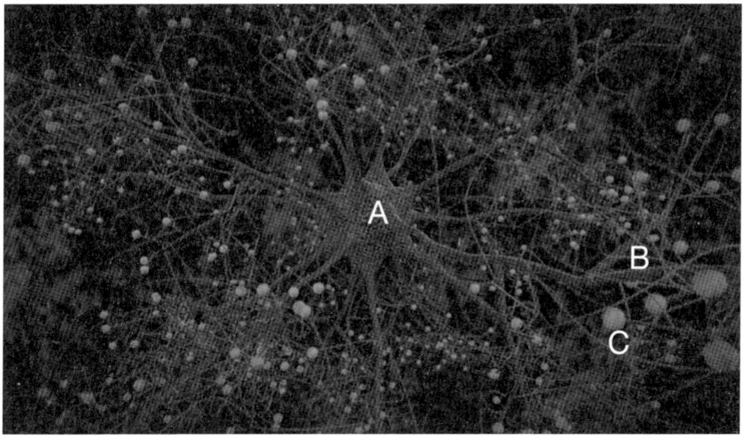

這一個圖就是模擬腦部神經細胞的連結，A 處代表一個神經細胞元，中間是細胞核，旁邊分散出去很多的是延伸的凸觸。B 處代表這類所有的線條是其他神經細胞的凸觸，C 處所指的周圍所有圓點則代表凸觸之間的連結，而腦部有約 140 億個神經細胞（圖片來源：3dhdscan）。

藏、情緒被隱藏，過度刺激時則造成自我傷害、歇斯底里。必須透過夢境、語誤、聯想、移情的方式才得以呈現。但使用自由聯想的精神分析，讓**情結**呈現往往是被動的，且非常耗時。

新的時代、新的科學，重點是如何能主動激發**情結**的呈現。像之前**宛紘**的例子，就是打破保護機制，逼出歇斯底里，這當然是特例，住院時的非常情況，請勿輕易使用。其實只要保有耐心跟警覺，記憶被深藏難以察覺的情結，還是會慢慢浮現出來，問題在如何透過深度同理，讓個案能夠面對魅影，並且從過往創傷中走出來。

神經網絡是一個發展的過程，跟語言、抽象思考、同儕互動反饋都有關係。**神經網絡**跟本身腦部的特質也很有關係，如神經傳導物質、腦前葉的控制機能**（過動、注意力缺損）**，腦部分化的障礙**（自閉症、亞斯伯格）**。

平行處理、神經網絡、神經傳導物質、腦部造影技術，這些代表精神分析就沒有價值了嗎？

其實不然，先哲們能夠屹立數十年、百年，絕對有他們獨特存在的價值。從人類的歷史來看，對於思維的探討、腦部運作的機制，都才發生在這兩、三百年。這段時間裡 Psych 的意涵，由靈魂轉變到心智運作，心理學成了顯學，推動了人類很大的進步。

但在此同時，社會也發生了很大的變化，單單**佛洛伊德**提出性的壓抑會造成原我跟自我的衝突、弒父情結之後，就漸進推動了對性開放的態度，也很大的鼓勵了父親在小孩教育角色上的改變。但是推翻人類原先的威權與壓抑後，取而代之的是更多婚姻的破裂；鼓勵追求自我之後，也造成不少的徬徨與困惑。解構帶來的改變，跟科學的進步一樣，非常大的衝擊了精神分析的種種立論基礎。

但是人類的大腦運作機制並沒有改變，只是了解得更清楚；心理治療的同理心，運用聯想，跟發覺情結，依然是幫助個案最重要的方法。

跟隨科學在資訊發達的現在變得容易，但是抽絲剝繭在資訊爆炸的現代變得極難；相信科學與邏輯是一種選擇，我的選擇。

註釋：

8. 有興趣的人可以 google “psychodynamic therapy neuron network”，研究範例 Schlumpf., at allFunctional reorganization of neural networks involved in emotion regulation following trauma therapy for complex trauma disorders. Neuroimage Clin. 2019;23:101807，網路全文有 https://www.ncbi.nlm.nih.gov/pmc/articles/PMC3330520/（但是我個人不太認為 Transference 有那麼重要，但是這個理論的描述比較具體），更完整的概念可以參看《Cognitive Psychodynamic》一書。

大好文化 大好生活 9

勇敢告別心魔：心理治療室裡的魅影與重生

作　　者｜黃偉俐
出　　版｜大好文化企業社
榮譽發行人｜胡邦崐、林玉釵
發行人暨總編輯｜胡芳芳
總 經 理｜張榮偉
駐英代表｜張容
行銷統籌｜張瑋
主　　編｜章書媛
編　　輯｜石惠芳、張小春、林鴻讀
封面設計、美術主編｜陳文德
客戶服務｜張凱特
通訊地址｜11157臺北市士林區磺溪街88巷5號三樓
讀者服務信箱｜fonda168@gmail.com
郵政劃撥｜帳號：50371148　戶名：大好文化企業社
讀者服務電話｜0922309149
讀者訂購信箱｜fonda168@gmail.com
版面編排｜唯翔工作室 (02)23122451
法律顧問｜芃福法律事務所 魯惠良律師
印　　刷｜禹利電子分色有限公司 (02)2951-3415
總 經 銷｜大和書報圖書股份有限公司 (02)8990-2588

ISBN 978-626-96550-1-4（平裝）
出版日期｜2022年11月11日初版
定　　價｜新台幣350元

國家圖書館出版品預行編目資料

勇敢告別心魔：心理治療室裡的魅影與重生／黃偉俐著；-- 初版. -- 臺北市：大好文化，2022.11
288面；14.8×21公分. --（大好生活；9）
ISBN 978-626-96550-1-4（平裝）
1. CST：心理治療　2. CST：通俗作品
178.8　　111014898